Der Bamberger

Christine Freise-Wonka

DOM

Eine Kathedrale erleben

HEINRICHS-VERLAG

Titelseite: Blick vom Balkon der Martinskirche über die Dächer der Stadt zum Dom.

Bildnachweis:

Emil Bauer: Umschlagtitelseite, Seite 1, 4, 5, 6(1), 7(2), 19, 20, 23, 24, 45(1), 56(1) und 57(1).

Diözesanmuseum Bamberg: Seite 11, 15, 32(1), 34(1), 45(1), 46(1), 48(1), 53, 54(1), 57(1), 58, 61, 62, 67(2), 75, 77(2), 78(2), 79(2), 80, 81(1) und 92(1). Fotos: Ingeborg Limmer.

Peter Eberts: Seite 8, 10, 17, 29(2), 31, 32(1), 33(1), 37, 38, 39, 40, 41(1), 45(1), 46(3), 47(1), 48(3), 49(2), 51(1), 52, 55, 57(1), 60, 63, 64(2), 65(2), 68, 69, 70(4), 76, 81(2), 82, 83, 84, 85, 86, 87, 88, 89(1), 92(1) und 93. Umschlagrückseite (2).

Christine Freise-Wonka: Seite 9, 25(2), 26(4), 27(3), 28, 30, 33(2), 34(1), 35(2), 36, 41(2), 42, 43, 44(2), 47(1), 49(1), 50, 51(2), 54(1), 56(1), 59, 61, 66, 67(1), 73, 89(2), 91 und 96. Umschlagrückseite (1).

Traude Lehmann: Seite 6/7(1).

Stadtarchiv Bamberg: Seite 94. Foto: Ingeborg Limmer.

Die Deutsche Bibliothek – CIP-Einheitsaufnahme

Der Bamberger Dom : eine Kathedrale erleben /
Christine Freise-Wonka. - Bamberg : Heinrichs-Verl., 2002
   ISBN 3-89889-035-X

1. Auflage 2002
© 2002, Heinrichs-Verlag GmbH, Bamberg.
Alle Rechte der Vervielfältigung und Verbreitung, einschließlich Film, Funk,
Fernsehen und sonstiger elektronischer Medien sowie der Fotokopie und des
auszugsweisen Nachdrucks vorbehalten.
Fotos: Christine Freise-Wonka, Ingeborg Limmer, Emil Bauer, Peter Eberts
Herstellung: Heinrichs-Verlag GmbH, Bamberg
Umschlaggestaltung: Jochen Gündel, Radebeul
Layout und Satz: TypoDesign, Radebeul
Druck und Bindung: Tagblatt-Druckerei KG, Haßfurt am Main.
ISBN 3-89889-035-X
Printed in Germany

INHALT
DER BAMBERGER DOM
Eine Kathedrale erleben

Eine Einführung

»Das fränkische Rom an der Regnitz bildet ein Stadtensemble von höchster Rarität, in dem der Dom und die Alte Hofhaltung, das Böttingerhaus wie das vom Fluß umspülte Rathaus oder die Häuserzeile von »Klein Venedig« besonders spektakuläre Attraktionen sind. Von nun an steht die Altstadt Bambergs nicht nur als

Der winterliche Dom von Süden. Im Vordergrund der Giebel des Alten Ebracher Hofes.

unschätzbares und unersetzliches Besitztum Deutschlands, sondern der ganzen Menschheit, auf der Welterbeliste der UNESCO. Geht eines der auf der Liste stehenden Besitztümer verloren oder verfällt es, so schmälert dies das Erbe aller Völker.«

So sprach Dr. Bernd Freiherr von Droste zu Hülshoff anläßlich der Urkundenübergabe über die Ernennung Bambergs zum Weltkulturerbe 1993.

Über die Jahrhunderte suchte kein verheerender Flächenbrand, keine gravierende Kriegszerstörung die Stadt heim. Auch der Zweite Weltkrieg mit seinen vernichtenden Bombenangriffen, tiefster Einschnitt in die Entwicklung deutscher Stadtgeschichte, ging nahezu ohne Schaden an Bamberg vorbei. So blieb der größte in Deutschland erhaltene Altstadtbereich erhalten, der in europäischem Rang gerne an dritter Stelle nach Prag und Venedig genannt wird.

Teil dieses bedeutenden Ganzen ist der Dom, dessen Geschichte ebensowenig wie die der Stadt von Zerstörung geprägt ist. Sein Wer-

Als Zentrum der Stadt, machtpolitisch, aber auch optisch, nimmt der Dom auf historischen Darstellungen immer einen besonderen Platz ein. Oben ein Ausschnitt aus einem Gemälde von Ferdinand Messerschmitt.

Rechts: Schedels Weltchronik.

den und Entstehen, seine – zum Teil auch bestandsreduzierenden – Veränderungen hat er lediglich durch friedvollen Menschenwillen oder Gottesfurcht erfahren. Architektur und Ausstattung, die Einblick in das Stilempfinden vieler Epochen geben, sind von höchstem Rang. Der Dom in seiner Gesamtheit ist ein unschätzbares und unersetzliches Besitztum nicht nur Deutschlands, sondern der ganzen Menschheit und ginge er verloren oder verfiele, so schmälert dies das Erbe aller Völker, um noch einmal mit Freiherrn von Droste zu Hülshoff zu sprechen.

»Der Bamberger Dom – eine Kathedrale erleben«, so lautet der mit Bedacht gewählte Titel des vorliegenden Buches. Mit der Gegenüberstellung der Begriffe »Dom« und »Kathedrale« soll gleich zu Beginn eine Fragestellung provo-

ziert werden: Ist die Bamberger Bischofskirche ein Dom oder eine Kathedrale?

Um zum Grundverständnis dieses hochrangigen Architekturdenkmals vorzudringen, müssen wir uns also zunächst mit einer profanen Worterklärung beschäftigen.

Die gebräuchliche Benennung der Bamberger Bischofskirche lautet *Dom*, eine Bezeichnung, die ins frühe Christentum zurückführt. Die Domherren lebten anfänglich in klosterähnlicher Gemeinschaft (vita communis) nach einer strengen Regel (Kanon). Da diese Regel bei den täglichen Zusammenkünften kapitelweise vorgelesen wurde, bürgerte sich als Bezeichnung für die Domherren ›Domkanoniker‹ und für die Gemeinschaft der Domherren der Name ›Domkapitel‹ ein. Die Wohngebäude des Domkapitels, die in der Regel – wie auch in

Bamberg – um einen Kreuzgang gruppiert waren, nannte man »Domus« (lat. Haus), die zugehörige Kirche einfach »Ecclesia«. Erst seit etwa dem 15. Jahrhundert übertrug man dann

den Namen Dom(us) auf die Kirche selbst. Abgesehen von einigen wenigen Ausnahmen bezeichnet Dom immer eine Bischofskirche.

Das Wort *Kathedrale* ist in seiner Bedeutung heutzutage ziemlich verwaschen. Gerne bezeichnet man damit jede größere, v. a. französische Kirche. Im engsten Sinne darf es sich aber wie auch beim Dom nur um eine Bischofskirche handeln, denn der Name geht zurück auf die »Kathedra«, den Bischofsstuhl, auf dem nur der Bischof Platz nehmen darf. Die Bamberger Kathedra ist ein Geschenk des Domkapitels an Erzbischof Joseph von Schork zu dessen 70. Geburtstag im Jahr 1899 und steht seit 1904 im Westchor des Domes. Mehrfache Überlegungen den nach byzantinischen Vorbildern geschaffenen Bischofsthron durch einen zeitgemäßeren zu ersetzen, wurden nicht verwirklicht.

Mächtig erhöht auf einem letzten Sporn des Steigerwaldes thront der Dom wie eine Krone über der Stadt.

Seit 1923 trägt der Bamberger Dom auch den Titel »*Basilika*«. Diese Ehrenbezeichnung trugen früher nur die 12 wichtigsten Kirchen Roms. Seit dem 18.Jahrhundert wird der Titel auch wichtigen Wallfahrtsstätten oder bedeutenden Kirchenbauten außerhalb der ewigen Stadt verliehen. Äußeres Zeichen dieser Ehrbezeigung ist das Anbringen des Wappens des jeweils regierenden Papstes über dem Haupteingang der betreffenden Kirche. Am Bamberger Dom ist der Haupteingang die Adamspforte.

Basiliken nannte man im alten Rom ursprünglich die Markthallen, die einem bestimmten Bautypus folgten. Sie waren dreischiffig mit überhöhtem Mittelschiff. Die frühchristlichen Kirchenbauten übernahmen diese Form. Der Terminus wurde dann in die Kunstgeschichte übernommen und somit bezeichnet man als Basilika immer die Kirchen,

deren Mittelschiff höher ist als die Seitenschiffe. Der Bamberger Dom ist damit eine Basilika in zweifacher Hinsicht: als Baudenkmal und durch den liturgischen Ehrentitel.

»*Eine Kathedrale erleben*«, so lautet der Untertitel des Buches. Damit wird klar, daß in den folgenden Zeilen mehr steckt als die bloße Beschreibung eines hochrangigen Kunstwerkes. Denn der Bamberger Dom und seine Ausstattung ist nicht nur die Vereinigung von bedeutender Architektur mit Altären, Skulpturen und Epitaphien verschiedenster Jahrhunderte, sondern hinter jedem dieser Werke stecken Menschen, die sie erdacht haben, in Auftrag gaben, mit diesen Werken gelitten und gelebt haben.

Es ist ein König, der mit seiner Frau aus persönlichem Eigentum das Bistum stiftete und damit ein neues Rom entstehen lassen wollte: Heinrich II. und Kunigunde.

Nur aus der Vogelperspektive erschließt sich die dreischiffige Gesamtanlage mit Westquerhaus, zwei Chören und vier Türmen.

Es sind Menschen, die jahrelang neben der Baustelle des Domes lebten, um an der Verwirklichung des Gotteshauses mitzuwirken. Manche arbeiteten um Gottes Lohn, den sie durch seine Hilfe im Paradies zu finden hofften. Ihre Namen sind unbekannt, aber ohne sie hätte Heinrich II. seine Idee nicht verwirklichen können.

Um den Dom gruppieren sich die anderen Bamberger Kirchen. Vom Kloster St. Michael aus zeigen sich hier noch die Turmspitzen der Oberen Pfarre und von St.Stephan.

Es ist ein Bildschnitzer aus Nürnberg, der eine florierende Werkstatt betrieb, bis er wegen eines Schuldscheinbetrugs öffentlich gebrandtmarkt wurde: Veit Stoß.

Es ist ein Bildhauer aus Würzburg, der harten Stein bearbeitete wie Wachs und für die ein-

flussreichste Oberschicht der Kirche arbeitete, bis er den Bauernaufstand unterstützte und nach Kerkerhaft und Folter vereinsamt und ohne Aufträge starb: Tilman Riemenschneider.

Es sind die vielen Steinmetze, Zimmerleute, Maler, Schmiede und Handlanger, die dieses Gesamtkunstwerk schufen. Die das verwirklichten, was gebildete Auftraggeber ihnen vorgaben und hierfür ihre speziellen Techniken entwickelten, um den Anforderungen gerecht zu werden: Die Bauhütten, die im Akkord arbeiteten, laufende Bohrer, die den Bildhauern halfen, Arbeitsteilung in den Altarwerkstätten zwischen Schnitzern und Faßmalern und vieles mehr.

Es sind diese Nebenschauplätze, die das Werden und Entstehen einer Kathedrale erst zum Leben erwecken. Durch diese Nebenschauplätze ist die Kathedrale, ist der Bamberger Dom plötzlich kein lebloses Kunstobjekt mehr, sondern ein Erlebnis:

Der Bamberger Dom – eine Kathedrale erleben!

Diesem Titel möchte das vorliegende Buch gerecht werden. So werden der Dom und seine Kunstwerke in ihrer Eigen-, oftmals Einzigartigkeit beschrieben und erläutert. Doch immer wieder wird dieser rote Faden losgelassen, um interessante Nebenschauplätze zu beleuchten, ohne die der Bamberger Dom und seine Geschichte nicht denkbar wären.

Die Baugeschichte

Die Babenburg und ihre Kapelle

Die Geschichte der heutigen Kathedrale in Bamberg reicht weit zurück. Nach den jüngsten Ausgrabungen auf dem Domberg befand sich schon im 7. Jahrhundert auf diesem Bergsporn eine große Burganlage. Sie diente der Bewachung wichtiger Handelsstraßen, einer Furt im Tal und der Sicherung des Ortes Hallstadt mit seinem Flußübergang am Main. Im 9. Jahrhundert befand sich diese Burg im Besitz des fränkischen Adelsgeschlechts der Babenberger, die namengebend für die Stadt wurden. Sie bauten die Burganlage weiter aus und errichteten dabei eine geräumige Burgkapelle, Vorläufer des jetzigen Domes. Diese erste Kirche wich stark von der üblichen West-Ost-Orientierung normaler Kirchenbauten ab, was nicht auf das Geländerelief, sondern wohl auf besondere, einschränkende Besitzverhältnisse zurückzuführen ist. Die Orientierung des späteren Heinrichs- und auch Ekbertdomes ist damit vorweggenommen. Es handelte sich um einen bereits recht stattlichen Saalbau von mindestens 13 × 20 Me-

tern Größe, dessen Fußbodenniveau etwa einen halben Meter unter dem seines Nachfolgerbaues, des Heinrichsdomes lag.

Im Jahr 902 zieht Graf Adalbert von Babenberg mit seinen zwei Brüdern Heinrich und Adalhard aus der Bamberger Burg in die unglückselige Schlacht gegen die Konradiner. Es ging um die Sicherung der Familienmacht im fränkischen Raum. Heinrich und Adalhard kamen ums Leben und das Denken Adalberts war nun von Rachsucht geprägt. Nach mehreren wuchtigen Gegenschlägen wird Adalbert in seiner Burg belagert. Das Heer der Konradiner, unterstützt von königlichen Truppen unter der Führung von Erzbischof Hatto von Mainz, lagerte bei Stegaurach. Ein Versuch, die Babenburg von der leichter angreifbaren Westseite zu nehmen, scheiterte und da man eine langwierige Belagerung scheute, griff man zu einer hinterhältigen und ehrlosen List, so die Sage. Man bat Adalbert zu Verhandlungen in das Lager nach Stegaurach und sicherte ihm einmal freies Geleit zurück in seine sichere Burg zu. Adalbert erklärte sich einverstanden. Erzbischof Hatto kam an das Burgtor, gemeinsam machte man sich auf den Weg. Wenige Minuten später bat der Erzbischof, ob man nochmals zur Burg zurückkehren könne, er habe Durst. Diesem Wunsch kam Adalbert nach und nachdem der Durst Hattos gestillt war, ritt man ins feindliche Lager, wo Adalbert verhaftet wurde. Er wies auf die Zusicherung des freien Geleits hin, doch man gab ihm zur Antwort, daß er ja einmal unbehelligt in seine Burg zurückgekehrt sei. Die Burg wurde in Besitz genommen und der getäuschte Babenberger wurde innerhalb seiner eigenen Burgmauern enthauptet: es war der 6. September 906. Die sogenannte Babenberger Fehde hatte ihr Ende genommen.

Durch eine niederträchtige Täuschung gelangte also die Babenburg samt ihrer Kirche in den Besitz des Königs, so will es die legendäre Überlieferung. Mit Übernahme durch den König wird die Anlage weiter vergrößert und modernisiert, so daß sie ausreichend standesgemäß war, den durch Kaiser Otto I. in Gefangenschaft gesetzten König Berengar von Italien und seine Familie aufzunehmen. Berengar starb in Bamberg am 4. August 966.

Kurz nach dem Tod seines Vaters verschenkt Kaiser Otto II. die wichtige Burg an seinen Vetter, den Baiernherzog Heinrich den Zänker. Diese großzügige Schenkung, die der junge Kaiser auf Anraten seiner Mutter vorgenommen hatte, erzielte jedoch nicht den erwünschten Effekt, den aufständischen Vetter zur Ruhe zu bringen. 974 plante der Baiernher-

zog mit befreundeten Adeligen eine Revolte. Nach der Aufdeckung des Plans wurde ihm durch Otto II. das Herzogtum Bayern entzogen. Auch die Babenburg scheint wieder an das Kaiserhaus gefallen zu sein, das 976 und erneut 985 in Bamberg Urkunden ausstellt.

In diesem Jahr gelangte die Babenburg gemeinsam mit dem Herzogtum Bayern wieder an die Familie des Zänkers.

Heinrich II. und sein Dom – Werden und Vergehen

973 wird dem Baiernherzog Heinrich dem Zänker nicht nur die Babenburg geschenkt, sondern zugleich wird ihm in Bad Abbach ein Sohn geboren: Heinrich. Der Junge war wohl für die geistliche Laufbahn vorgesehen, jedenfalls erfährt er seine Ausbildung an den Domschulen in Hildesheim und Regensburg bei den Bischöfen Bernward und Wolfgang.

985 erhält sein aufständischer Vater mit dem Herzogtum Bayern auch die Babenburg zurück und der junge Heinrich erwählt Bamberg nun zu seinem Lieblingsaufenthalt. Die Burg war ihm so wertvoll, daß er sie bei seiner Eheschließung im Jahr 997 seiner Braut Kunigunde aus dem Hause Luxemburg als Hochzeitsgeschenk, als sogenannte Morgengabe, überließ. Diese Morgengabe, das Geschenk nach der Hochzeitsnacht, zeichnete eine Braut als rechtmäßige

Ehefrau aus und diente als ihre Witwenversorgung bei vorzeitigen Ableben des Ehemanns.

1002 wird Heinrich zum deutschen König gewählt. Kaum an die Macht gekommen, erhob sich der Markgraf von Schweinfurt aus der jüngeren Babenberger Linie gegen Heinrich II.. Rasch wurde der Aufstand niederschlagen. Die anstehende Neuverteilung der Grafschaften haben in Heinrich II. den Gedanken reifen lassen, sein Königsgut Bamberg zum Bistum zu erheben und u.a. mit diesen Grafschaften reich auszustatten.

1007 erfolgte nach schwierigen Verhandlungen mit dem deutschen Episkopat die offizielle Ernennung zum Bistum. Der Würzburger Bischof, der einen wichtigen Teil seines Sprengels abtreten sollte, wurde mit dem Versprechen geködert, die Würde eines Erzbischof zu erlangen. Bamberg sollte ihm unterstellt werden und mit Bamberg auch das Bistum Eichstätt. Eine leere Versprechung des Königs, wie der Bischof später erfahren mußte. Doch nicht nur die Bischöfe mußten überzeugt werden. Auch seine eigene Ehefrau hat Heinrich II. bewegt, ihr Wittum, die Morgengabe Bamberg wieder frei und in die Stiftung des Bistums einzugeben. Als Ersatz erhielt sie den Königshof Kassel, in dessen Nähe sie das Kloster Kaufungen gründete, in das sie nach dem Tod ihres Mannes als Nonne eintrat.

Schon am 6. Mai 1012, dem 39. Geburtstag des Königs, fünf Jahre nach der Bistumsgründung wird der Dom geweiht. Daraus kann man

schließen, daß Heinrich II. direkt nach seiner Ernennung zum König 1002 mit dem Abriß der alten Burgkapelle begonnen hatte und bereits 1003, nach der Niederwerfung der Schweinfurter, an gleicher Stelle mit dem Bau einer größeren Kirche begonnen wurde. Sie war bestimmt, Bischofskirche zu werden, obwohl der Plan der Bistumsgründung noch nicht öffentlich war.

Ein Bollwerk gegen die heidnischen Slawen sollte das Bistum sein, so die Absicht Heinrichs II.. Und da er keine Nachkommen mehr erwarten dürfe, wolle er nun obendrein Christus als Erben seiner weltlichen Güter einsetzen.

Stelle und Ausrichtung des Heinrichsdomes waren durch die Burgkirche vorgegeben. Da die neue Kirche aber ein gutes Stück größer werden sollte, mußten aufgrund des abfallenden Terrains erhebliche Erd- und Planierungsarbeiten vorgenommen werden. Bei den Fundamentierungen für den Neubau durchschnitt man auch den ehemaligen Friedhof, der die abgerissenen Burgkirche umgab. Jüngere Gräber wurden daraufhin sorgsam mit Kalk ausgegossen, eine übliche Desinfektionmethode des Mittelalters. Die kurze Zeitspanne zwischen dem Abriß der Burgkapelle, bzw. dem Auflassen des Friedhofs und dem Baubeginn des Heinrichsdomes machten solche Maßnahmen erforderlich.

Die Kathedrale, gestiftet von Heinrich II. und Kunigunde zum immerwährenden Gedächtnis, entstand innerhalb von 8 Jahren, wenn wir davon ausgehen, dass sie bei ihrer Weihe 1012 fertig, zumindest liturgisch uneingeschränkt nutzbar war. Sie hatte eine Größe von ca. 75 mal 25 Metern und besaß zwei Chöre mit darunter liegenden Krypten. Der östliche Chor wurde von zwei Türmen gerahmt. Ein relativ kurzes, dreischiffiges Langhaus und ein weit ausladendes Westquerhaus waren mit einer flachen Holzdecke versehen. Das Westquerhaus war baulich mit der nördlich gelegenen Bischofspfalz verbunden, in der Heinrich II. und alle nachfolgenden Kaiser Gastrecht genossen.

Der Bau eines Westchores mit Westquerhaus und die Weihe an den Hl. Petrus verdeutlichen die Absicht Heinrichs II.: Vorbild seines Domes ist die Grabeskirche Petri in Rom. Bamberg sollte neue Hauptstadt der kaiserlichen Herrschaft werden und demzufolge ein Abbild der ewigen Stadt. Das unterstreicht auch die topographische Lage des neuen Bischofssitzes auf sieben Hügeln, wie das alte Rom. Obendrein hatte Heinrich bestimmt, daß der Bamberger Bischof keinem Erzbischof unterstellt werde, sondern nur dem Papst.

Die Bedeutung des neuen

Domes wird durch die bei der Weihe versammelte Gesellschaft des deutschen Hochadels und 40 höchster kirchlicher Würdenträger deutlich. Unter ihnen der Patriarch von Aquileja. Erster Bischof von Bamberg wurde der ehemalige Kanzler und enger, zuverlässiger Freund Heinrichs II., Eberhard.

Mit der Gründung des Bistums, dem Bau des Domes und der Bischofspfalz wurde Bamberg vorübergehend zum Reichsmittelpunkt. Bei weltlichen Hoftagen kamen Könige und Kaiser, kirchliche Synoden wurden abgehalten. Es hatte sich ein glänzendes Leben entwickelt. Höhepunkte waren der Besuch Papst Benedikt VIII. im Jahr 1020, der mit Kaiser Heinrich II. das Osterfest in der Kathedrale feierte. 1052 besuchte Leo IX. als zweiter Papst Bamberg und stand in der Kathedrale an den Gräbern des inzwischen verstorbenen Kaiserpaares Heinrich und Kunigunde.

In der Osternacht 1081 wird der von Heinrich II. so geliebte Dom

Der Bistumsgründer und Stifter des ersten Domes: Kaiser Heinrich II. in einer Darstellung des frühen 13. Jahrhunderts an der Adamspforte.

von einem Brand heimgesucht. Notdürftig wird er instand gesetzt, lediglich damit er benutzbar bleibt, ein Zustand, der für alle Beteiligten unbefriedigend war, aber über 20 Jahre unverändert blieb. Erst unter dem aktiven und in Bausachen erfahrenen Bischof Otto I. gingen die Handwerker ab 1103 mit Elan an die Renovierung. Ein neuer Fußboden wurde verlegt, die von der Hitze beschädigten Säulen wurden mit Stuck ummantelt und die Wände mit neuen Bildern bemalt. Die Dächer erhielten eine Kupfereindeckung. Der alte Heinrichsdom zeigte sich in neuem Glanz!

Er war nun wieder geeignet, den Rahmen für ein weiteres bedeutendes Ereignis zu bilden: Die Heiligsprechung Kaiser Heinrichs II. im Jahr 1146, die von König Konrad III. betrieben wurde, der 1152 selbst seine letzte Ruhestätte im Bamberger Dom an der Seite Heinrichs II. fand. Ein Jahr später besuchte der Neffe Konrads III. Kaiser Friedrich Barbarossa das Grab seines Onkels und feierte Ostern in der Kathedrale.

1185 wird der Dom erneut von einer Brandkatastrophe heimgesucht. Ein Blitzschlag während eines Sommergewitters setzte ihn in Flammen. Die Zerstörungen waren weit gravierender als 1081. Bedeutende Teile der gesamten Domburg wurden verwüstet. Selbst die Wirtschaftgebäude der Vorburg am oberen Domberg waren betroffen.

Steintrümmer und herabfallendes Gebälk zerschlugen die Fußbodenplatten des Hein-

richsdomes. Vor dem Westchor hatte wohl ein herabfallender Bronzeleuchter den Boden regelrecht durchschlagen. Die geschmolzenen Reste konnten bei archäologischen Untersuchungen gefunden werden. Im Ostchorbereich war eine ganze Wand eingestürzt. Es scheint so, als hätten herabstürzende Teile der Türme die Kryptadecke durchschlagen und dabei die Wand mitgerissen.

Der Heinrichsdom, Zierde der Stadt, Stolz des Kaisers, war in Schutt und Asche gefallen!

Der Ekbert-Dom – Eine neue Kathedrale entsteht

Volk und Klerus, ganz Bamberg war in Aufruhr. Die Kathedrale und mit ihr die ganze Domburg, Macht- und Repräsentationszentrum der Stadt, war in Flammen aufgegangen. Erste Aufgabe war, die Bischofspfalz wieder bewohnbar zu machen. Auch die umliegenden Kurien und Wirtschaftsgebäude hatten Priorität. Es dauerte Monate, bis allein die Aufräumungsarbeiten beendet waren und man an die eigentliche Wiederherstellung der Bauten gehen konnte. Im Dom glättete man den zertrümmerten Fußboden mit Mörtel, die eingestürzte Ostkrypta verfüllte man mit Schutt und unternahm sonstige provisorische Maßnahmen, um das Gotteshaus notdürftig herzurichten und nutzbar zu machen. Zunächst dachte man wohl überhaupt nicht an einen Neubau der Kathedrale. Bei den Reparaturen wurde zum Teil erheblicher Aufwand betrieben, der nicht notwendig gewesen wäre, hätte man gleich nach dem Brand 1185 an einen Abriß der Brandruine gedacht.

Warum Bischof und Domkapitel dann doch den Entschluß faßten, eine neue Kathedrale zu errichten und wann diese Entscheidung fiel, ist schwer zu ermitteln. Vielleicht begann man den Bau noch am Ende der Regierungszeit von Bischof Otto II. aus dem Hause Andechs-Meranien, Mitglied eines einflußreichen und vermögendem Adelsgeschlechts. Er regierte von 1177–1196. Ein Baubeginn zwischen 1190 und 1195 erscheint möglich. Da man im Mittelalter nicht wie heute den gesamten Bau in einem Zug von unten nach oben, sondern fortschreitend von Ost nach West errichtete, konnte der alte Heinrichsdom zunächst stehen bleiben. Der Neubau begann etliche Meter von den Mauern des alten Gotteshauses entfernt.

1196 wurde Dompropst Thiemo zum Bischof gewählt. Er betrieb die Heiligsprechung der Kaiserin Kunigunde, was 1200 durchgesetzt werden konnte. Die Feier zur Erhebung ihrer Gebeine 1201 konnte wohl schon im teilweise fertiggestellten Ostchor des Neubaus stattfinden. Die von Bischof Thiemo im gleichen Jahr erhobenen Extrasteuern sind ein Hinweis auf Bautätigkeiten. Sein Episkopat endete 1202. Es war zu kurz, um hochfliegende Pläne zu verwirklichen. Gleiches gilt für den Nachfolger Konrad von Ergersheim, der nur ein Jahr die Mitra trug.

1203 wird Ekbert, wieder ein Mitglied des Hause Andechs-Meranien, auf Betreiben König Philipps von Schwaben Oberhirte in Bamberg.

Das Epitaph Bischofs Ekbert von Andechs-Meranien (†1237) im südlichen Seitenschiff. Die Darstellung entstand vermutlich Ende des 13. Jahrhunderts, die Umschrift wurde Anfang des 17. Jahrhunderts hinzugefügt.

In seine Regierungszeit, die immerhin 34 Jahre währte, fallen Bau und Weihe des neuen Domes. Wie schon zweihundert Jahre zuvor Heinrich II. wollte auch Bischof Ekbert einen Memorialbau errichten, der der Nachwelt die Erinnerung an ihn und seine bedeutende Familie bewahrt. Ein Memorialbau, für den eventuell schon sein Onkel Bischof Otto II. von Andechs den Grundstein gelegt hatte und dessen Fertigstellung Ekbert nun zu seiner eigenen Sache machte.

Der Dombau war gemeinsame Aufgabe von Bischof und Domkapitel. Die Rolle des Bischofs, in unserem Fall Ekbert, darf allerdings nicht überschätzt werden. Bauherr und damit rechtsverbindliche Person ist nicht der Bischof, sondern das Domkapitel. Für das Kapitel waren Lage und Aussehen des Vorgängerbaus des inzwischen heiliggesprochenen Kaiserpaares zunächst bindend. Innerhalb der für den Bau zuständigen Domherren scheint sich jedoch rasch eine konservative und eine modernistische Partei herausgebildet zu haben. Die einen wollten den inzwischen in Frankreich entstandenen gotischen Stil aufgreifen, die anderen hingen an alten Traditionen. Der Gedanke der Holzflachdecke wie sie der Heinrichsdom hatte, wurde erst aufgegeben, nachdem ein Gerüstbrand die Baustelle gefährdete und man den Vorteil einer feuerfesten Steinwölbung erkannte.

Im Jahr 1208 traf Bischof Ekbert ein schwerer Schicksalsschlag. In bester Absicht richtete er in Bamberg ein großes Fest aus. Gefeiert wurde die Vermählung seines Bruders Herzogs Otto von Meranien mit der Nichte des Königs Philipp von Schwaben, Beatrix von Burgund. Der König war selbst anwesend und wurde im Anschluß an die Feierlichkeiten in der Pfalz ermordet. Am Folgetag, dem 22.Juni, setzt man ihn im Dom neben Kaiser Heinrich II. bei, bis er 1213 nach Speyer überführt wird.

Bischof Ekbert wurde fälschlicherweise der Mitwisserschaft beschuldigt und mußte aus Bamberg fliehen. Ziel seiner Flucht war der Hof seines Schwagers König Andreas in Ungarn. Nur durch die Intervention des Papstes erreichte der geächtete Ekbert 1212 die Wiedereinsetzung in sein Bistum und damit die Aufhebung des Banns.

Die Bauarbeiten in Bamberg verzögerten sich. Auch nach seiner Rehabilitierung hält sich Ekbert selten in seinem Bistum auf. Er ist Reichspolitiker und befindet sich in Diensten des Kaisers ständig auf Reisen. Der unermüdliche Einsatz Ekberts für den Kaiser ließ demnach eine intensive Beschäftigung mit einem Dombau nicht zu.

1217/1218 befindet sich der Bamberger Bischof auf Kreuzzug. Nach seiner Rückkehr kümmert er sich endlich wieder intensiver um seine eigentlichen Aufgaben. 1225 überträgt er Bamberger Lehen an Kaiser Friedrich II. Er erhält dafür eine ungewöhnlich hohe Summe, die er auf Wunsch des Kaisers zum Bau seiner

Letzter Rest des Heinrichsdomes: ein steinerner Löwe als Türwächter, aufgrund der starken Verwitterung heute als »Domkröte« bezeichnet.

Kirche verwenden soll. Ein finanzieller Zuschuß von höchster Stelle. Von diesem Zeitpunkt an beschleunigt sich das Bautempo. 1229 weiht Ekbert einen Marienaltar im Südarm des im Westen liegenden Querhauses. 1232 plante man bereits die Weihe, denn Papst Gregor IX. gewährte in diesem Jahr urkundlich einen Ablaß für alle, die an diesem Fest teilnehmen. Sie sollte am 6. Mai 1233 stattfinden, dem Geburtstag Kaiser Heinrichs II.. Da sich Bischof Ekbert zu diesem Zeitpunkt aber in Gefangenschaft des Herzogs von Kärnten befand, mußte die Feierlichkeit zunächst verschoben werden.

1235 ließ sich Ekbert die Ablaßurkunde bestätigen und plante nun die Weihe für den 6. Mai 1236, doch auch dieser Termin konnte nicht eingehalten werden. Überraschend schnell hatte man seine Nichte, Elisabeth von Thüringen heiliggesprochen. Am 1. Mai 1236 feierte man die Heiligsprechung in Marburg. Alle Gäste, die man auch in Bamberg erwartete, versammelten sich an ihrer Grabstätte. Die Zeit von 5 Tagen war zu kurz, um die geladenen Persönlichkeiten mit Gefolge von Marburg nach Bamberg zu verbringen und die Feierlichkeiten hier in einem würdigen Rahmen stattfinden zu lassen. Wieder wurde die Weihe des Bamberger Domes verschoben. Die Bischöfe und Adeligen des Reiches wurden nun für den 6. Mai 1237 eingeladen.

Inzwischen hatte Ekbert an einem Kriegszug des Kaisers gegen Österreich teilgenom-

men. Der Kaiser setzte ihn im Frühjahr 1237 im besetzten Wien als Statthalter ein. Ekbert war unabkömmlich. Die Geduld des Bamberger Domkapitels aber war am Ende. Die Kathedrale wurde ohne Beisein Bischof Ekberts geweiht. Ekbert starb in Wien am 5. Juni 1237. Er hat seinen Dom nicht mehr gesehen!

Nach der Weihe des Domes kehrte in Bamberg Ruhe ein. Die vielen Menschen, die am Entstehen der Kathedrale mitgewirkt hatten, zogen weiter. Man macht sich kaum eine Vorstellung, was es im Mittelalter bedeutete, ein Gebäude in den Dimensionen des Bamberger Domes zu errichten.

Man brauchte Steinhauer in den Brüchen, die die roh vorbehauenen Steine zunächst auf Ochsenkarren verluden. Für den Bamberger Dom wurde im wesentlichen Coburger Bausandstein und Rhätsandstein verwendet, der im Norden Bambergs in der Nähe des Mains gebrochen wurde. Auf dem Wasserweg wurden die Steine dann nach Bamberg gebracht und am Dombergfuß entladen. Den Katzenberg hinauf auf den Domberg gelangten sie über Rollen, eine Art Laufkatzen. Hier warteten die Steinmetze, die nun die Steine in ihre endgültige Form brachten. Sie hatten heizbare Hütten, die Bauhütten, in denen auch im Winter gearbeitet werden konnte. Jeder Steinmetz versah seine Werkstücke mit Zeichen, die der Zählung und letztlich Bezahlung dienten. Diese Bauhütten wurden nicht von ortsansässigen Handwerkern betrieben, sondern von Wandertrupps. Diese waren zunftfrei und damit nicht an Regeln gebunden. Sie waren, wie auch die Maurer und andere Handwerker frei. Ihre Fachkenntnisse hüteten sie als Geheimnis. Die Musterbücher, in denen sie ihr Können verewigten, begleiteten die Bauhütten auf ihren Wanderwegen von Großbaustelle zu Großbaustelle. Die Steinmetze stellten den größten Anteil der Arbeiter, denn sie waren auch für den ornamentalen und skulpturalen Schmuck des Baus zuständig. In Bamberg arbeitete zunächst eine etwas konservative, noch in romanischem Denken verhaftete Bauhütte, bis sie etwa 1227 von einer fortschrittlichen, französisch geschulten Gruppe abgelöst wurde, die ihre Kenntnisse auf den großen Baustellen der Kathedralen in Reims, Chartres und Laon gesammelt hatte.

Neben den Steinmetzen waren aber noch eine Menge anderer Arbeiter nötig, um einen Dombau entstehen zu lassen. Es sind Maurer, Zimmerleute, Schmiede, Dachdecker, Glasbläser und eine Unzahl von Handlangern, die Mörtel mischten, Steine trugen, Gerüste bauten, Ochsen antrieben u.v.m. Diese Hilfsarbeiter stammten oft aus der einheimischen Bevölkerung, die sich durch die zum Teil kostenfreie Mithilfe am Bau des Gotteshauses ein Plätzchen im Paradies erhofften.

Der Bau einer Kathedrale war für eine mittelalterliche Stadt nicht nur ein spannendes Erlebnis durch die langsam fortschreitende Entstehung eines beeindruckenden Gebäudes. Auch die Anwesenheit vieler fremder Menschen mit allen Begleiterscheinungen brachten über Jahrzehnte Leben in die Stadt. Die vielen hundert Bauarbeiter mußten auch verpflegt, untergebracht und versorgt werden. Für die ansässige Bevölkerung bedeutete das Arbeit und Einkommen.

Der Dom im Wandel der Zeiten

Nach der Weihe des Domes im Jahr 1237 erfolgten keine Baumaßnahmen mehr, die an der Raumschale der Kathedrale Wesentliches verändert hätten. Einige Umbauten, wie ein neuer Dachstuhl, die Erhöhung der Osttürme, die Entfernung eines Dachreiters und die Neugestaltung der westlichen Turmhelme sind nur geringfügige Umwandlungen, die das Bauwerk in seiner Anlage nicht berührten.

Anders verlief die Entwicklung im Innern der Kathedrale. Ohne die Raumschale zu berühren, wurde der Dom direkt im Anschluß an den dreißigjährigen Krieg ab 1648 vollständig neu ausgestattet. Schon zuvor hatte man ihn seiner Buntglasfenster beraubt und Gewölbe und Wände weiß getüncht. Nun erhielt er eine neue, in sich sehr geschlossene Barockausstattung, zu der über 30 mächtige Altäre gehörten, die die Innenansicht des Domes völlig veränderten. Obwohl sich im Verlauf der nächsten 200 Jahre die Ausstattung weiterhin den liturgischen Erfordernissen anpaßte, blieb der Barock dominant und prägend.

Als Anfang des 19. Jahrhunderts im Zuge der Säkularisation das Fürstbistum aufgehoben wurde, gelangte Franken an Bayern. Der Dom war nun nicht mehr Bischofssitz, sondern wurde Pfarrkirche. Durch das Bayerische Konkordat von 1817 wurde dann die Bistumsverfassung wieder in Kraft gesetzt, mehr noch wird Bamberg 1821 Sitz eines Erzbischofs.

Ende 1825 wird Ludwig I. König von Bayern. Im Gegensatz zu seinem napoleonfreundlichen Vater war er ausgesprochen deutschnational. Diese patriotische Einstellung wollte er durch Nationaldenkmäler ausdrücken, wie der neu zu errichtenden Ruhmeshalle für herausragende deutsche Persönlichkeiten, die Walhalla oder durch bereits bestehende Baudenkmäler, etwa den Dom zu Speyer. Dazu sollte *im Geiste eines reinen Styles* auch der Bamberger Dom gehören. Es wurde die Entscheidung getroffen, den Dom – den man für den ersten Dom Heinrichs hielt – »zurückzubauen« und ihm sein vermeintlich mittelalterliches Bild wiederzugeben. Nach längerem Hin und Her wurden im Mai 1829 im Dom Gerüste aufgestellt und die Purifizierung begann. Sämtliche Farbfassung, egal ob an Wänden oder Figuren, wurde abgenommen. Dieser Aktion verdanken wir die heutige Steinsichtigkeit, die den Dom

eigentlich in seinem einstigen Rohbauzustand zeigt. Die Barockaltäre wurden versteigert. Nachmittelalterliche Bischofsgrabmale baute man ab und verbrachte sie in die ehemalige Benediktinerkirche auf den Michaelsberg.

Diese Maßnahmen blieben bei der Bevölkerung nicht ohne Kritik, so daß der Dom 1836

geschlossen wurde, um die Arbeiten ohne Proteste fortführen zu können. Die Wiedereröffnung der Domes im Folgejahr mit seinem nun völlig kahlen Innenraum empfanden die Bamberger als Kulturschock. 600 Jahre nach seiner Weihe war ein über Jahrhunderte gewachsenes Gesamtkunstwerk auf das beschränkte Kunstverständnis des 19. Jahrhunderts reduziert worden, das nur ein Denkmal von »edler Einfalt und stiller Größe« sehen wollte.

DER AUSSENBAU

Die Bauformen und ihre Bedeutung

Der Bamberger Dom ist eine dreischiffige Basilika, ein Bautypus, bei dem das Mittelschiff höher als die Seitenschiffe angelegt ist. Das Mittelschiff misst am Gewölbescheitel 24 Meter, das Langhaus hat eine Länge von ca. 98 Metern.

Der Dom besitzt ein *Querhaus* im Westen und zeigt damit im Grundriß eine Kreuzesform, die symbolisch auf das Kreuz Christi hinweist. Das Westquerhaus und ein zugehöriger, dem Hl. Petrus geweihter *Westchor* machen den Dom über die gewöhnliche Ostung hinaus zu einer Doppelchoranlage. Ausrichtung und Weihe machen deutlich, daß es hier um die Absicht geht, Alt-St. Peter in Rom nachzuahmen.

Man begann den Bau der Kathedrale im Osten kurz vor 1200 und beendete ihn 1237 im Westen. In dieser Zeit wechselte der spätromanische Stil, in dem der Dom begonnen wurde, zu frühgotischen Formen. Im Querhaus wird dieser gotische Stil sichtbar, denn das Seitenfenster ist im Gegensatz zu den romanischrundbogigen Fenstern des Langhauses leicht

gespitzt. Die Stirnseiten des Querhauses tragen obendrein *Fensterrosen*, berühmteste Merkmale der Gotik. Am Anfang prosaisch einfach als »O« bezeichnet, erhalten sie in der Spätgotik den Namen Rosen. Es sind Sinnbilder für den

Der Westchor mit Querhaus zeigt in den gespitzten Fensterformen und in der Fensterrose deutlich gotische Merkmale.

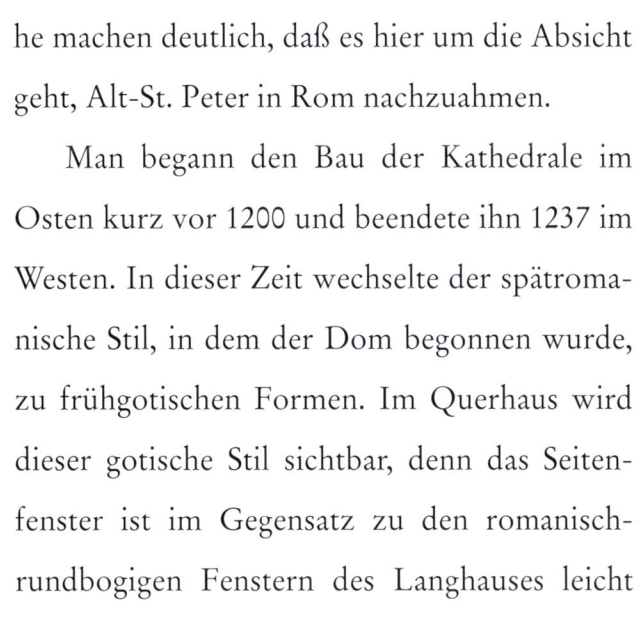

man, daß ein »*magister operis wortwinus*«, der in den Aufzeichnungen zum Dom genannt wird, ein solcher Zisterzienser sein könnte, der aus Ebrach als Leiter der Bauhütte nach Bamberg gekommen sei. Da sein Name aber nur im Zusammenhang mit einer Altarweihe genannt wird, scheint diese Auslegung zu weitgehend.

Der ältere, romanische *Ostchor* ist reicher an Formen, war er doch der Stadt zugewandt und mußte dementsprechend repräsentativ sein. Ein schlichtes Sockelgeschoß endet in einem fantastischen Ornamentfries, der aus Bö-

Die Fensterrose des Westquerhauses, deren Vorbild in der Kathedrale von Laon zu finden ist.

gesamten Kosmos, geeignet auch, das himmlische Jerusalem hineinzudeuten oder darin Christus als »Sonne der Gerechtigkeit« zu suchen. Vorbild für die Bamberger Rosen waren französische Kathedralen, namentlich Laon.

Die französische Gotik wurde durch die Zisterzienser nach Deutschland gebracht. Das 1127 gegründete Kloster Ebrach ist die erste rechtsrheinische Niederlassung dieses Ordens. Die Bauformen des Bamberger Westchores, besonders der Veitspforte im Querhaus sind engstens mit der um 1200 entstandenen Michaelskapelle dieses Klosters verwandt. Mitglieder des Ordens der Zisterzienser wurden als hervorragende Architekten von Baustelle zu Baustelle gerufen. Das nahm derartige Formen an, daß der Papst den Orden an seine eigentlichen Aufgaben erinnern mußte und das »Ausleihen« von Mönchen als Baumeister untersagte. Früher dachte

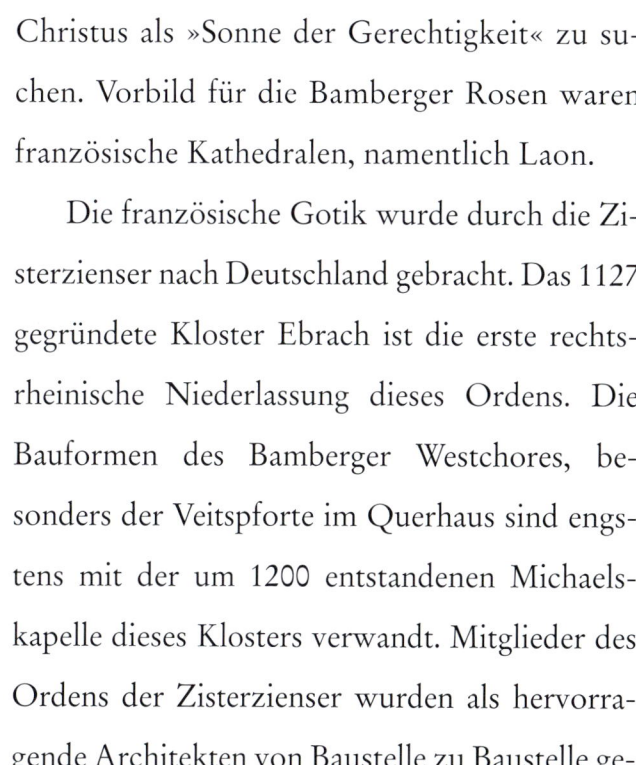

Der ältere romanische Ostchor. Unter dem durch Fensterbanklöwen betonten Mittelfenster sieht man das sogenannte „Sonnenloch".

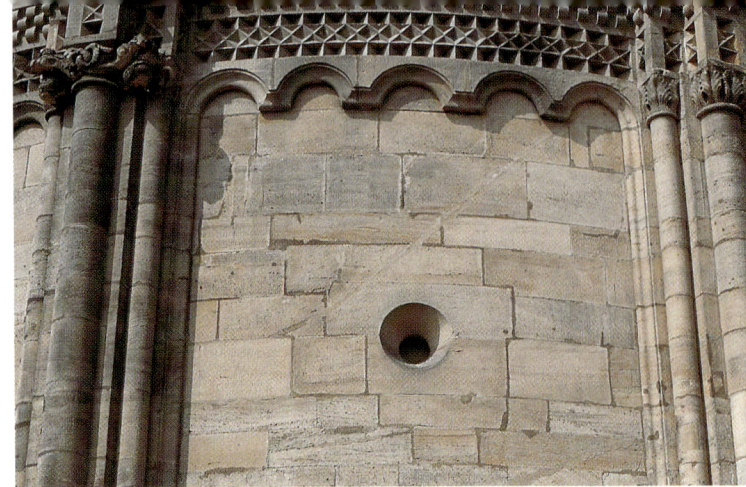

gen, Zacken und Röllchen gebildet ist. Darüber sitzen fünf große *Fenster*, von denen das mittlere besonders hervorgehoben ist. Zwei Löwen liegen auf den Fensterbänken. Der eine hat einen Drachen als Symbol für den Teufel gefangen, der andere verschlingt einen Menschen, den man aufgrund eines Spitzhutes als Juden identifizieren kann. Auf dem Rücken der Löwen ruhen Säulen, deren Kapitelle als Adler, christliches Symbol des göttlichen Sieges, ausgebildet sind.

Unter diesem Fenster sitzt das »Sonnenloch«, eine kreisrunde Öffnung, durch die am Namenstag des heiligen Petrus, dem 29. Juni die Sonne für kurze Zeit auf seinen Hauptaltar im Westen scheinen soll, so eine ältere Erklärung. Inzwischen ist erwiesen, daß in »St. Kunigundenswerk« – so bezeichnete man den Ostchor – hinter dieser Öffnung ein wandfester Schrank eingebaut war, in dem ein wertvolles Büstenreliquiar der Hl. Kunigunde eingeschlossen war. Die heilbringende Wirkung der Gebeine der 1200 heiliggesprochenen Kaiserin sollte, so der mittelalterliche Glaube, nach außen strahlen und dem hier versammeltem Volk und der ganzen Stadt Segen bringen.

Beide Chöre werden von *Türmen* eingerahmt. Früher trug das Mittelschiffdach zudem einen Dachreiter und die Turmhelme im Westen waren fünfspitzig ausgebildet. Diese Vieltürmigkeit war gewollt, denn eine jede Kathedrale sollte Abbild des himmlischen Jerusalem sein. Als bedeutend sah man im Mittelalter nur Städte an, deren Silhouette sich schon von weitem durch viele Türme auszeichnete. Demzufolge mußte auch das himmlische Jerusalem viele Türme haben. Die Türme im Osten sind noch von

der Romanik geprägt. Sie stehen näher zur Stadt und deshalb befinden sich in ihnen die Glocken, u.a. die ehrwürdige Heinrichsglocke von 1311 mit einem Gewicht von 5200 Kilogramm. Kenner schätzen ihren Schlag als einen der schönsten unter den mittelalterlichen Großglocken. Um sie zu schonen erklingt sie heute regelmäßig nur am Freitag um 15.00 Uhr zur Sterbestunde unsres Herrn und an den Hochfesten.

Die *Westtürme* sind nahezu Kopien der Türme der Kathedrale von Laon. Das gilt für den achteckigen Grundaufbau, dem an vier Seiten fünfeckige Säulenerker vorgestellt sind. Das gilt aber auch für Details, wie die sogenannten *Domkühe*, die im Südwestturm aus zwei dieser Säulenerker herausschauen, zwischen sich je einen Propheten. Eine ebensolche Darstellung

von Rindern sieht man an der Kathedrale von Laon, wobei es sich in Bamberg wohl nicht um Rinder, sondern um Maulesel handelt. Diese Maulesel waren am Bau zum Transport von Materialien unverzichtbar. Sie zogen Steine mittels Flaschenzügen in die Höhe, liefen im Dachstuhl in Laufrädern, die ebenfalls dem Emporziehen von schweren Dingen dienten und schleppten auf ihrem Rücken Mörtelbottiche in die Türme hinauf. Nachts wurden die Tiere links neben dem Fürstenportal eingepfercht. Dieses *»klein Kirchhöflein mit einer Mauer«* trägt heute noch den Namen Eselsstall. Die Skulpturen, deren Originale heute im Diözesanmuseum gezeigt werden, sind in Stein gehauene Danksagungen.

Eine »Domkuh« vom Südwestturm.

Die Westtürme zeigen filigrane Gotik. Vier Kühe (?) fanden hier ihren luftigen Platz.

Die Portale – Mehr als nur Eingänge

Die großen Kathedralen Frankreichs zeigen prächtige Dreierportale an den Westseiten. Der Bamberger Dom konnte dieses Vorbild nicht aufnehmen. Einerseits ist die in Frage kommende Westseite stadtauswärts gewandt und zweitens machte der Bau einer Westapsis eine mächtige Portalanlage unmöglich. So wird der prächtigste Eingang in den Dom an die dem Domplatz zugewandte Langseite der Kathedrale gelegt. Dieses sogenannte Fürstenportal war aber nie Haupteingang, sondern wurde nur zu besonderen Ereignissen geöffnet. Die Haupteingänge lagen und liegen bis heute im Osten. Das ist auch topographisch begründet, denn der Domberg wurde früher von Süden durch die Porta minor vom »Hinteren Bach« betreten, so dass man als erstes Portal die Adamspforte erreichte, die ehemalige Haupttür. Seltener wurde der Weg über eine steile Treppe von Osten aus dem Sand gewählt. Auch sie führte auf die Adamspforte zu.

Das Adamsportal

Das Adamsportal ist das älteste Portal des Domes. Hier hatte man zu bauen begonnen. Als schlichtes gestuftes normannisches Zackenportal ohne Tympanon führte es in Innere. Beim Fortgang der Bauarbeiten, besonders nachdem das benachbarte Marienportal ausgeschmückt war und man das Fürstenportal begonnen hatte,

erschien den Auftraggebern das Adamsportal als zu einfach. Die ältere, konservative Bauhütte war inzwischen durch eine innovative, französisch geschulte Werkstatt abgelöst worden, die neue Ideen mitbrachte. So beschloß man die nachträgliche Ausstattung der Adamspforte mit insgesamt 6 Figuren, die zu beiden Seiten der Tür in Dreiergruppen aufgestellt wurden. Links der Erzmärtyrer Stephanus, Lieblingsheiliger der Hl. Kunigunde, die mit Kaiser Heinrich II. neben ihm steht. Gegenüber befanden sich Petrus, Adam und Eva. Die Figuren vertreten das Erstheitsprinzip: Das erste Menschenpaar, der erste Märtyrer, der erste Papst, die Stifter des Doms.

Adam wird aufgrund seiner derben und un-

Die Gnaden- oder Marienpforte

Die Gnadenpforte zeigt sich als Stufenportal lombardischen Typus mit einem Bogenfeld. Die Kapitelle der Säulen bilden Apostelbüsten, die Schwerter in Händen tragen, vielleicht ein Hinweis auf die damals aktuelle Thematik der

Die Marienpforte ziert ein prachtvolles Tympanon mit der Gottesmutter, den Bistumsheiligen und den Dompatronen.

geübten Ausführung der älteren Bamberger Werkstatt zugeschrieben. Die gleiche Ungeübtheit zeigt jedoch auch Eva. Da es sich bei diesen beiden Skulpturen um die ersten lebensgroßen Aktdarstellungen seit der Antike handelt, ist diese Unsicherheit in der Ausführung erklärlich und nicht mit einer »schlechteren« älteren Werkstatt zu verbinden.

Alle sechs Figuren stammen aus der Zeit nach 1225, aus der Zeit der jüngeren Werkstatt. Sie befinden sich heute im Diözesanmuseum. Anläßlich der tausendjährigen Wiederkehr der Krönung Heinrichs zum deutschen König wurden Anfang 2002 Kopien der Heinrichsfigur und seiner Gemahlin Kunigunde aufgestellt. Die übrigen vier Statuen sollen in Kürze folgen.

Kreuzzüge. Das Tympanon, das etwa 1218 entstand, ist noch eine Arbeit der älteren Bamberger Werkstatt. Es zeigt uns mittig die thronende Maria. Zu ihrer Rechten Petrus und Georg, die Patrone des Domes. Georg führt an seiner Hand Bischof Ekbert von Andechs-Meranien, den Domerbauer. Zur Linken Mariens sehen wir Heinrich und Kunigunde. Hinter der Kaiserin steht Dompropst Poppo von Andechs-Meranien, der während der häufigen Abwesenheit seines Neffen Ekberts die Bauleitung innehatte und später auch Bischof von Bamberg wurde. Die kleine Figur zu Füßen deutet man als Herzog Otto VII. von Andechs, den Bruder Ekberts, mit dem er 1217/18, also genau zum Zeitpunkt der Entstehung des Portals, an einem

Kreuzzug teilnahm. Otto VII. war der Bräutigam der tragischen Hochzeitsfeier in Bamberg, die mit dem Königsmord endete. Vielleicht war er der Stifter des Portals.

Unwahrscheinlicher ist die Deutung, die in dem Bischof links Otto II. von Andechs sieht, zu dessen Lebzeiten der Heinrichsdom brannte und der wohl schon mit ersten Bauarbeiten des neuen Domes begann. Der rechte Kleriker wäre dann der damals noch das Amt des Dompropstes bekleidende Ekbert von Andechs, der spätere Bischof und Hauptbauherr. Der kleine Kreuzfahrer zu Füßen Marias müßte dann Herzog Berthold IV. von Andechs sein, Heerführer im 3. Kreuzzug.

Durch die Marienpforte zog das Domkapitel bei großen Prozessionen in den Dom ein. Ob sie auch als Gerichtsportal diente, ist eher fraglich. Jedenfalls sind rechts in der Wand die Maßeinheiten der Bamberger Elle (67 cm) und des Bamberger Fußes (26,8 cm) angezeigt, von dem gesagt wird, er sei ein Abdruck Kunigundens Fußes. Der Dom wurde nach diesen Maßen errichtet und seine Länge entspricht genau 369 Fuß, eine Zahl der Vollkommenheit.

Aufmerksame Beobachter entdecken beim Durchschreiten des Portals am linken Türpfeiler auf Augenhöhe eine schemenhafte Rötelzeich-

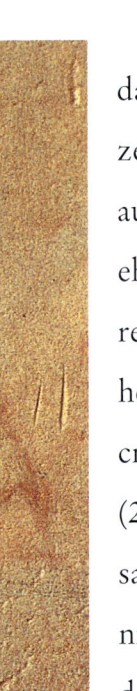
Rötelzeichnung eines Engels am Marienportal

nung. Bei genauem Hinsehen erkennt man einen Engel mit Nimbus und Lilienzepter. Die Zeichnung dürfte aus der Erbauungszeit des Domes stammen. Eventuell war der Steinblock für bildhauerische Arbeiten gedacht und wurde deshalb mit einer Vorzeichnung versehen. Aus welchem Grund auch immer wurde er nicht bearbeitet, sondern an dieser Stelle verbaut.

Vielleicht diente er aber auch nur einem Steinmetz bei seiner Arbeit als »Skizzenblock«, auf dem er – wie heute die Künstler auf einem Stück Papier – seine Gedanken niederzeichnete. Der Stein wurde dann später als Baustein verwendet. Die Skizze störte nicht, denn das Portal war im Mittelalter gestrichen und das Bild damit verschwunden.

Das Fürstenportal

Das Fürstenportal an der Nordseite des Domes ist das prunkvollste Portal der Kathedrale. Früher trug die Pforte die Bezeichnung Ehetür, was nicht dafür stand, dass im Portal, wie bei mittelalterlichen Pfarrkirchen, Eheschließungen stattfanden. Vielmehr kommt der Begriff vom althochdeutschen »Èh« für Gesetz oder Testament. Das bezieht sich einerseits auf die Thematik der Figuren am Portal. Durch Propheten und die Darstellung der Synagoge wird das Alte Testament symbolisiert. Das Neue Testament repräsentieren die auf den Propheten stehenden Apostel und die Darstellung der Ecclesia. Zugleich ist nicht auszuschließen, dass das Portal

auch als Gerichtsportal diente. Die Darstellung des Jüngsten Gerichts im Bogenfeld würde diese Nutzung unterstreichen. Da die Säule der Synagoge einen Abstand zur Wand hat, also frei steht, die Säule der Ecclesia jedoch nicht, wird obendrein vermutet, dass erstgenannte als Kirchenpranger diente.

Die Bezeichnung Fürstenportal taucht schriftlich erstmals 1835 in der Versteigerungsanzeige der barocken Holzflügeltür des Portals auf. Vielleicht ist die Namensgebung eine wehmutsvolle Erinnerung, dass es früher einmal Fürstbischöfe waren, die das Portal durchschritten. Der Status des Fürstentums war mit

Das Fürstenportal ist eines der schönsten Kirchenportale Deutschlands und dient nur besonderen Anlässen.

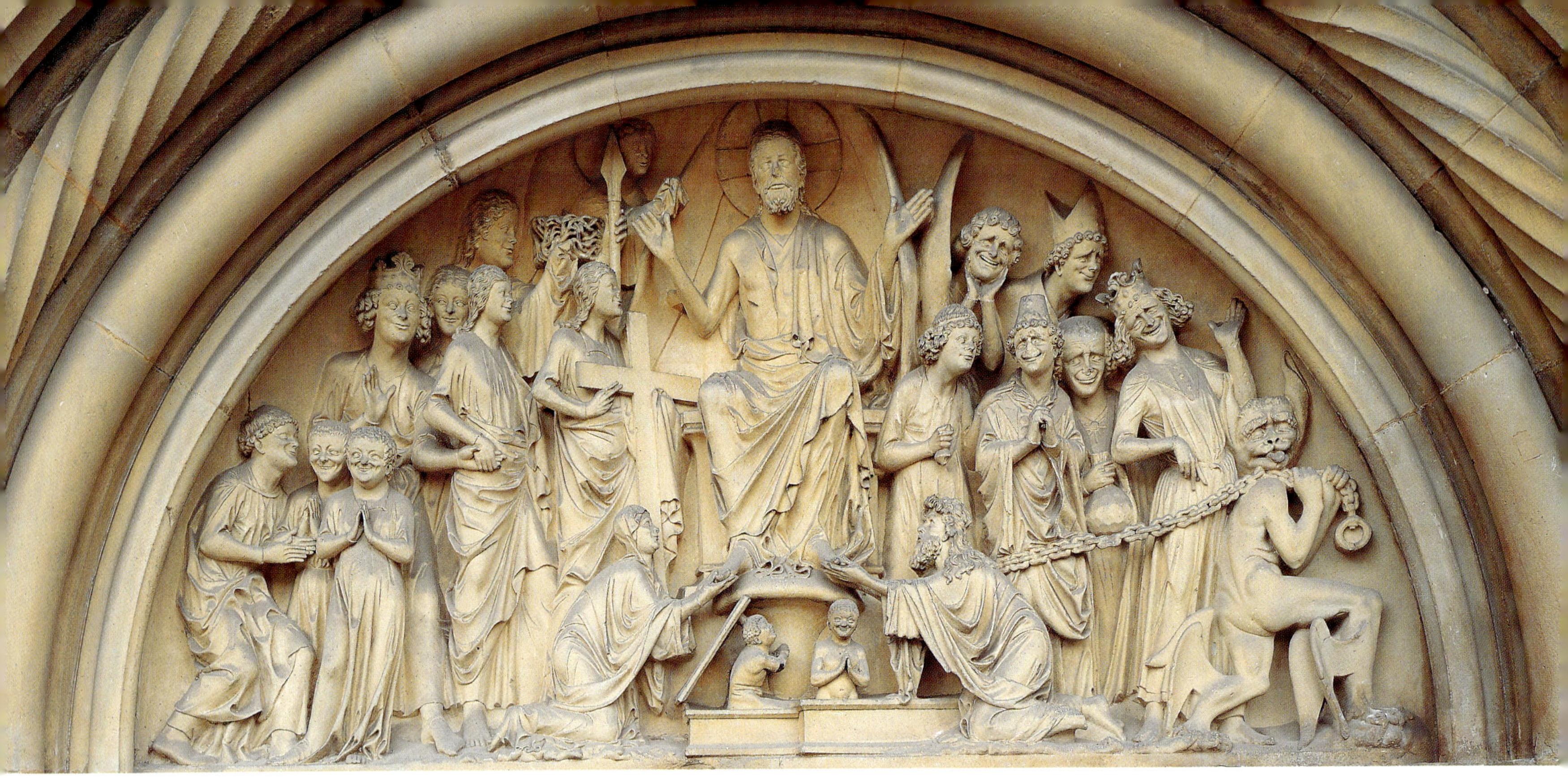

Das Tympanon des Fürstenportals zeigt das Jüngste Gericht. Die Seligen zur Rechten Christi zeigen das berühmte »Bamberger Lächeln«, besonders markant bei den drei Randfiguren.

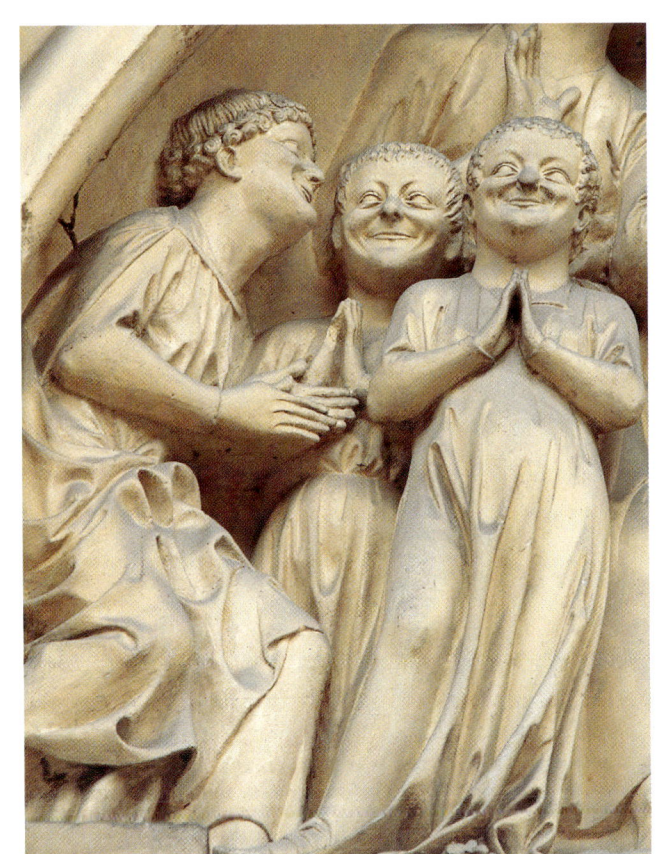

der Säkularisation Anfang des 19. Jahrhunderts verloren gegangen.

Im Tympanon sehen wir ein großartiges Jüngstes Gericht. Offenbar hatte noch der Hauptmeister der älteren Schule die Steinplatte angearbeitet, denn die knieende Maria ist auffallend altmodischer in ihrer Darstellung als die übrigen Figuren. Ihr gegenüber kniet Johannes. Unter den Füßen des Weltenrichters ist kindhaft klein die Auferstehung angedeutet. Zur Linken des Herrn die Verdammten mit dem verzerrten Ausdruck der Verzweiflung in den Gesichtern. Unter ihnen ein Papst, ein Kaiser, ein Bischof und ein Wucherer mit Geldsack. Zur Rechten des Herrn die Seligen. Kein Vertreter der Kirche ist auf dieser Seite zu finden, nur der weltliche Herrscher des Reiches, der Kaiser, wird von einem Engel zum Thron Christi geführt. Selig lächeln drei Erlöste ganz im Eck der Darstellung. Dieses sogenannte Bamberger Lächeln wird von der jüngeren Bamberger Schule eingeführt und gehört zum Charakteristikum der ab etwa 1225 entstandenen Figuren.

Offenbar stand der führende Bildhauer der älteren Schule seit 1224/25 nicht mehr zur Verfügung, denn im Portalgewände kann man einen ebensolchen Stilbruch beobachten, wie im

Tympanon. Die drei Figurengruppen der Apostel/Propheten rechts außen sind deutlich moderner und bewegter gemeißelt, als die anderen Gruppen. Besonders auffällig ist dieser Unterschied bei der äußersten Doppelfigur, die uns nun auch das schon bekannte Bamberger Lächeln zeigt. Hier ist die jüngere Schule am Werk gewesen.

Symbolisch bedeutet das Übereinanderstehen von Propheten und Aposteln, dass das Neue Testament auf dem Alten Testament aufbaut.

Neben dem Portal wurden zwei Säulen errichtet, auf denen die Figuren Ecclesia und Synagoge Aufstellung fanden. Zur Rechten des Herrn auf Seiten der Seligen steht die Ecclesia, Symbolfigur für die Kirche. In ihren Händen hielt sie ein Kreuzesbanner und den eucharistischen Kelch. Als »Hohe Frau« trägt sie als Standessymbol einen schweren Mantel und auf

Ecclesia (links) steht auf einer Säule mit den vier Evangelistensymbolen (rechts oben) auf seiten der Seligen neben Fürstenportal.

Als Gewändefiguren (unten) tragen die Propheten auf ihren Schultern die Apostel.

dem Haupt eine Krone zum Zeichen ihrer Herrschaft. Die Säule selbst zeigt die »vier Wesen«, die für die vier Evangelisten stehen und den Propheten Ezechiel.

Deutlich interessanter ist die Synagoge, Vertreterin der jüdischen Glaubensgemeinschaft. Der Bildhauer verschloß ihre Augen mit einer vortrefflich ausgeführten Seidenbinde. Dahinter steht der Gedanke, dass die Juden erst am Ende der Weltzeit die Offenbarung Gottes erkennen. Bis dahin bleibt ihnen der Sinn des Gesetzes und die Erfüllung durch Christus ver-

Die Synagoge
fand ihren Platz
am Fürstenportal
zu seiten der Ver-
dammten. Sie
gehört zu den
schönsten Figuren
des frühen 13.
Jahrhunderts im
europäischen
Kunstraum. Ihre
Standsäule zeigt
einen Teufel, der
einen Juden mit
Spitzhut blendet.

zeichnet sich mit dem Knie durch das Gewand ab. Dieser sogenannte Kontrapost vermittelt der Figur die Eleganz, die noch durch das Durchbiegen des Rückens betont wird. Egal, von welcher Seite man die Synagoge betrachtet, entwickelt sie ihren außerordentlichen Reiz.

Ebenso interessant wie die Synagoge selbst ist die Säule, auf der sie plaziert ist. Sie zeigt einen kopfüber stürzenden Teufel, der einen Juden mit Spitzhut blendet. Kurz zuvor erst, während des 4.Laterankonzils im Jahr 1215, war beschlossen worden, dass sich die Juden durch solche Hüte kenntlich machen müssen. Noch einmal wird hier auf die »Verblendung« des Judentums hingewiesen.

Über dem Gesims des linken Portalgewändes waren als thematische Ergänzung zum Jüngsten Gericht noch ein Posaunenengel (siehe Abb. S. 65) und ein Abraham mit den Seligen im Schoß aufgesetzt, deren Originale sich im südlichen Seitenschiff des Domes befinden. Der Posaunenengel ist bereits als Kopie an seinen alten Platz zurückgekehrt. Abraham wird später folgen. Im südlichen Seitenschiff stehen auch die Originale von Ecclesia und Synagoge, allesamt 1936 hierher versetzt.

Interessant zu beobachten, dass die Säulen des Portalgewändes nicht nur jede für sich unterschiedlich gestaltet sind, sondern dass ihr Durchmesser von außen nach innen abnimmt. Der Schwund ist nicht unerheblich, beträgt er doch 10 cm bei einem Anfangsdurchmesser von

schleiert. In der rechten Hand sieht man den gebrochenen Stab einer Lanze. Links entgleiten ihr die zehn Gesetzestafeln Moses.

Ein hauchdünnes, fast naß wirkendes Gewand betont ihren Körper mehr, als das es ihn verhüllt. Grandios sind die feinen Falten aus der Achsel und über den Oberarm geführt. Einzigartig ist auch ihre Haltung. Auf dem einem Bein stehend wird das andere entlastet und

25 cm. Das Portal wirkt dadurch tiefer, als es ist. Die Anwendung moderner zentralperspektivischer Mittel im 13. Jahrhundet verblüfft, da man die Entdeckung der Zentralperspektive erst mit dem Beginn der florentiner Renaissance des frühen 15. Jahrhunderts in Verbindung bringt.

Im Barock wurde der Domplatzes abgesenkt, so dass der Betrachter heute tiefer steht als damals und damit einen anderen Blickwinkel zu den Figuren hat. Der Kontakt zu den Figuren war im Mittelalter unmittelbarer. Das ursprüngliche Niveau hat sich im links an das Portal anschließenden »Eselsstall« erhalten, der bei der Absenkung ausgespart wurde. Das Portal wird heutzutage in der Regel nur dreimal geöffnet: an Fronleichnam, am Heinrichs- und am Christkönigfest. Ausnahmen sind Amtseinführungen und Bestattungen von Bischöfen oder andere herausragende Ereignisse.

Die Veitspforte

Das nördliche Querhaus des Domes diente als Gottesdienstraum für die weltlichen Bediensteten auf dem Domberg. Der zugehörige Altar war dem Hl. Veit geweiht und so benannte man auch die Tür, durch die man zu diesem Altar gelangte. Die Anlage zeigt ein dreistufiges Säulenportal mit Knospenkapitellen. Die Archivolten deuten schon gotische Spitzbogigkeit an. Neben dem Portal je zwei Säulennischen mit Kleeblattbögen, eine Architekturform, die auch an den nördlichen Ostchorschranken, beson-

ders ausgeprägt aber an den gesamten Westchorschranken auftaucht. Ihr direktes Vorbild findet sich in der Michaelskapelle des Zisterzienserklosters Ebrach nahe Bamberg und läßt den Einfluß zisterziensischer Bauformen auf den Kathedralbau erkennen.

Die Veitspforte folgt frühgotischer zisterziensischer Bauweise des nahen Klosters Ebrach.

Der Innenraum

Besonderheiten und Eigenarten

Der Bamberger Dom ist als Basilika errichtet, d.h. sein Mittelschiff überragt die Seitenschiffe um so viel, dass die Hochwände sogenannte Obergadenfenster erhalten können, die das Mittelschiff beleuchten. Bei einer Hallenkirche mit gleich hohen Schiffen ist eine solche Belichtung nicht möglich. Dennoch vermittelte die Kathedrale früher bei weitem keinen solch hellen Eindruck wie heute, denn die Fenster hatten Buntglasscheiben, die bereits Anfang des 17. Jahrhunderts während einer ersten, frühbarocken Umbauphase entfernt wurden. Buntglasfenster hatten neben ihren theologischen Lehrinhalten die Aufgabe, das Kirchengebäude wie das himmlische Jerusalem erscheinen zu lassen, von dem Johannes in seiner Offenbarung schreibt,

Vereinzelt finden sich an den Pfeilern im Dom Reste von Wandmalereien.

es sei eine Stadt, deren Lichtglanz gleich überirdischer Edelsteine ist, leuchtend wie ein Kristall.

Die Wände des Domes waren nicht steinsichtig wie heute, sondern trugen farbige Gemälde. Die übrige Mauerfläche war in braunrosa gestrichen und zeigte eine Linierung, die Mauer- und Fugenwerk imitieren sollte. Der augenscheinlich schlechte Steinversatz und die ungleiche Farbigkeit der Blöcke war damit kaschiert.

Allein schon durch die bunten Fenster und die Bemalung hatte der mittelalterliche Dom eine grundsätzlich andere Wirkung als heute. Hinzu kam, dass beide Chöre durch sogenannte Lettner abgeschrankt waren (vgl. Kapitel »Die Chöre. Privilegierte Raumpartien«). Eine ungehinderte Sicht durch das gesamte Langhaus, so wie heute, war nicht möglich. Dem modernen Betrachter ist es dadurch jedoch hervorragend möglich, die wechselnden Baustile nachzuvollziehen. Im Gewölbe des Ostchores zeigt der erste quer zum Schiff verlaufende Gurtbogen eine minimale Spitzung, die sich von Joch zu Joch Richtung Westen steigert. Im

Blick in den Westchor. Der letzte Schlussstein im Chorgewölbe ist deutlich schief gesetzt.

Rechts der Blick aus dem Westchor (mit Papstgrab und Kathedra) Richtung Osten.

Das Westchorgewölbe zeigt im 19. Jahrhundert rekonstruierte
Ornamentmalerei des Mittelalters.

Westen endet das Gewölbe in drei kreisrunden Schlußsteinen, deren westlichster deutlich aus dem Lot geraten ist. Der Grundriß des Domes mit Lang- und Querhaus symbolisiert das Kreuz und den Corpus Christi. Der schief gesetzte Stein will das geneigte Haupt des Gekreuzigten andeuten. Der letzte Schlußstein wird in zeitgenössischen Quellen nicht selten als Caput (= Kopf) bezeichnet und in vielen Kirchen findet man gerade auf diesem Stein eine Darstellung des Christushauptes.

Den Kreuzungsraum von Langhaus und Querhaus nennt man Vierung. Im Gewölbe der Vierung findet man das seit dem 17. Jahrhundert verschlossene Heiliggeistloch. Es gehörte zur mittelalterlichen Liturgie, gewisse Heilsgeschehnisse mit theatralischen Aufführungen zu unterstreichen. Zu Pfingsten nutzte man die Heiliggeistlöcher, die es auch in anderen Kirchen gibt, um eine lebende Taube, Symbol des Heiligen Geistes in den Dom fliegen zu lassen. An den Hochfesten Christi oder Maria Himmelfahrt hingegen zog man entsprechende Statuen durch diese Öffnung nach oben.

Die Vierung wird durch Gurtbögen vom Chor und vom Langhaus abgeschieden. Neben dem westlichen Gurtbogen, also schon im Bereich des Chorgewölbes und damit direkt über den Köpfen der im Chorgestühl sitzenden Domherren befindet sich ein gemaltes Christushaupt mit dem jüdischen Gabelbart.

An der Decke des Mittelschiffs befinden sich zwei Narren- oder Judenköpfe.

Im Langhaus hingegen malte man an die Decke zwei Narrenfratzen, die man anhand der eigenartigen Kopfbedeckungen als Juden deuten kann. Im Mittelalter hatte das Mittelschiff kaum liturgische Bedeutung. Es diente nur als Verbindungsraum für die beiden Chöre. Lediglich bei großen Gottesdienstfeiern, bei denen auch das »gemeine Volk« anwesend war, wurde das Mittelschiff Versammlungsraum für die Gemeinde. Die Gesichter an der Decke verhöhnen diese Versammlung und strecken die Zunge heraus.

Auffallend schief wurde der letzte Schlussstein im Westchorgewölbe angebracht.

Die Chöre – privilegierte Raumpartien

Als Chor bezeichnet man den für den Klerus reservierten Platz vor dem Hochaltar. Er wird für das gemeinsame Chorgebet und Gottesdienste genutzt. In der Regel sind diese Chorräume um einige Stufen erhöht. Befindet sich eine Krypta unter dem Chor, kann diese Erhöhung, wie im Osten des Bamberger Domes, erheblich sein. Die Benennung »Chor« reicht weit zurück, als der Platz um den Hochaltar noch für die Sänger bestimmt war.

Da die Chöre ausschließlich dem Klerus vorbehalten waren, wurden sie vom übrigen Kirchenraum deutlich abgeschieden. Dies geschah seitlich durch sogenannte Chorschranken, zum Mittelschiff durch Lettner, beides Abmauerungen in einer Höhe, die den Einblick in den Chor verhinderten. Der Begriff Lettner leitet sich vom lateinischen »lectorium« (Lesepult) ab. Die Lettner grenzten nämlich den Chor nicht nur ab, sondern waren begehbar und dienten Lesungen und der Verkündung kirchlicher Verordnungen. Die Lettner wurden auch zur Aussetzung der geweihten Hostie oder von Reliquien eingesetzt oder waren gar Bühne von Mysterienspielen. Der Bamberger Dom besaß vor beiden Chören Lettner, die im barocken 18. Jahrhundert als störend empfunden wurden. Wie in vielen anderen Kirchen auch, wurden sie in dieser Zeit durch Ziergitter

Die Ostchorschranken im südlichen Seitenschiff zeigen Apostel im regem Gespräch. Sie gehören zu den ältesten Bildwerken im Dom

ersetzt und später vollständig entfernt. Geblieben aber sind die Chorschranken, an deren Innenseiten die Chorgestühle aufgestellt sind.

Der Ostchor

Die Chorschranken des Ostchores entstanden ab 1215 und gehören damit zu den ältesten Bildwerken des Domes. Sie sind zu den Seitenschiffen mit Reliefs der Apostel (Süd) und der Propheten (Nord) versehen. Das Alte und das Neue Testament werden hier programmatisch gegenübergestellt. Jeweils paarweise gezeigt, befinden sich die heiligen Männer in z.T. heftigem Disput. Ihre Wirkung war früher durch farbige Bemalung erheblich gesteigert.

Die Apostel halten Schriftrollen, die ehemals mit dem Credo beschriftet waren. Nach dem großen Kirchenvater Augustinus ist das apostolische Glaubensbekenntnis an Pfingsten entstanden, indem jeder Apostel, inspiriert vom Heiligen Geist, einen Glaubenssatz verfaßte. Das Credo wurde auf Initiative von Kaiser Heinrich II. in den Ordo der römischen Messe aufgenommen.

Die Reihe der Apostel entstand zeitlich vor den Propheten. An den gespreizten Fußstellungen erkennt man ihre Ableitung aus der Buchmalerei, wobei etwas ungeschickt Zwei- in Dreidimensionalität übertragen wurde. Bei der Prophetenreihe ist eine Fortentwicklung deutlich. Dies gilt nicht nur für die Fußstellungen, sondern auch für die gekonntere Ausführung

Die Ostchorschranken im nördlichen Seitenschiff stellen 12 Propheten dar. Sie entstanden nach den Aposteln und zeigen bereits die entwickeltere Form des Kleeblattbogens.

Als Jonas bezeichnet man den Propheten mit dem Kahlschädel. Isaias zeigt die Säge, daneben ein König mit Zepter, wohl David, dessen Mantelsaum eine Harfe andeutet (?)

der Gewandfalten und die moderne Gestaltung der Rahmen als Kleeblattbögen. Während bei den Aposteln nur Petrus mit dem Schlüssel eindeutig zu indentifizieren ist, können wir bei den Propheten immerhin zwei sicher benennen. Berühmt ist Jonas mit entblößter Brust und Kahlschädel. Isaias wird mit einer Säge, dem Werkzeug seines Martyriums, gezeigt, denn angeblich sei er 701 v. Chr. auf Befehl König Manasses in Jerusalem zersägt worden. Neben ihm wohl König David, der auffallende Ähnlichkeit mit einem Bild Kaiser Heinrich II. in dessen Sakramentar aufweist. Das ist durchaus legitim, sah sich doch jeder Herrscher als neuer David.

Die Reihe der Propheten wird von einer Reliefplatte mit der Verkündigung an Maria eingeleitet. Sie ist in zweifacher Hinsicht bemerkenswert: Die Taube des Heiligen Geistes ist aus Stuck gearbeitet und Gabriel tritt von

rechts an Maria heran, obwohl seit der Spätantike das Herantreten von links obligat ist.

Am Beginn der Apostelreihe finden wir eine Darstellung Michaels als Drachentöter. Die Apokalypse schreibt: »... *der Drache steht vor der Frau, die gebären soll, um gleich nach der Geburt ihr Kind zu verschlingen ... und sie gebar einen Sohn ... und ihr Kind wurde entrückt zu Gott ... und es entstand ein Kampf im Himmel. Michael und seine Engel erhoben sich ... und gestürzt wurde der Drache, die alte Schlange, die der Teufel heißt und Satan und die ganze Welt verführt.*« Die Szene hat also engste Verbindung zur gegenüberstehenden Verkündigung. Zugleich sind die Darstellungen von Gabriel und Michael direkt neben den Eingangstürmen ein Hinweis darauf, dass man im Mittelalter die Türme von Kirchen gerne den Erzengeln weihte.

Die Reihe der Propheten wird im Osten durch ein Verkündigungsrelief (links), die Reihe der Apostel durch eine Darstellung des drachentötenden Erzengels Michael (rechts) abgeschlossen.

Zum Ostchor gehört auch ein prachtvolles Gestühl. Ursprünglich nur eine einfache, umlaufende Steinbank, wurden die Chorgestühle ab dem frühen Mittelalter immer eindrucksvoller ausgestaltet. In der Regel aus Holz haben sie zwei Sitzreihen. Die einzelnen Sitze nennt man »Stallen«. Sie sind klappbar. Die Sitzflächen besitzen an der Unterseite die »Misericordien«, die den Körper beim Stehen stützten. Das Bamberger Ostchorgestühl entstand um 1300, ist aber nur noch in geringen Teilen original. Am reichsten ausgeschmückt ist, wie bei allen Chorgestühlen, die Wange Richtung Osten zum Altar. Die Wange zum Kirchenschiff ist unverziert, da sie vom Lettner verdeckt war. Das Chorgestühl bleibt heute weitgehend unbenutzt, denn im

In der Apostelreihe tauchen Architekturformen des Außenbaus auf. Hier vom Adamsportal mit seinem normannischen Zackenfries.

45

Das Ostchorgestühl entstand um 1300. Original sind nur noch die vorderen Sitzreihen.

Knotensäule

Ostchor finden keine Gottesdienste mehr statt. Hier hat der Domchor seinen Platz.

Der frei gebliebene Wandbereich hinter dem Altar im Rund der Apsis ist mit einer Blendarkatur verziert. Eine Säule der Arkatur ist als Knotensäule gestaltet, ein beliebtes Motiv des Mittelalters. Es ist ein Hinweis auf die beiden ehernen Säulen des Tempels Salomon Jachin und Boas.

Der Westchor

Der Westchor war von Beginn an der Hauptchor des Domes. Seine Chorschranken waren nicht mit Reliefs verziert, sondern trugen auf der Südseite aufwändige Gemälde, die leider nur noch schwach erkennbar sind. Sie gehören zur Erstausstattung der Kathedrale und entstanden um 1240. Für die hervorragende Qualität

gibt es im fränkischen Raum kein Vergleichsbeispiel. Der für das Domkapitel tätige »pictor Hartmundus« kommt nicht in Frage, vielmehr handelt es sich um einen hochbegabten Wanderkünstler.

Da direkt vor diesen Schranken ein Marienaltar stand und der Westchor den Apostelfürsten Petrus und Paulus geweiht ist, tauchen diese drei Heiligen in der Mitte der insgesamt neun Felder auf. Die übrigen Figuren kann man als Apostel interpretieren. Die Randbilder könnten Heinrich und Kunigunde darstellen. Gerahmt werden die Bilder von den schon bekannten und damals hochmodernen Kleeblattbögen. In den Dreipässen sieht man halb-

Die südlichen Westchorschranken zeigen höchst seltene Malereien aus dem 13. Jahrhundert.

figurige Darstellungen von Engeln, in den Zwickeln dazwischen Propheten.

Die Chorschranken gegenüber blieben unverziert, aber man kann davon ausgehen, dass eine entsprechende Ausschmückung geplant war. Zu denken wäre an Christus mit zwei weiteren Heiligen und den fehlenden 6 Aposteln, doch das ist reine Spekulation.

Auf dem erhöhten Westchor befindet sich eines der schönsten Chorgestühle Süddeutschlands. Es ist aus Eiche geschnitzt, umfaßt 66 Sitzplätze und entstand um 1390. Es ist weitgehend original erhalten. Stilistische Einzelheiten lassen zu, den Entwurf für das Gestühl dem Umkreis der berühmten Parler zuzurechnen. Parler'scher Einfluß ist in dieser Zeit in Franken, ja selbst in Bamberg allenthalben nachzuweisen. Dass die Parler auch Chorgestühle gear-

Im Westchor befindet sich ein wertvolles Chorgestühl aus dem späten 14. Jahrhundert mit bemerkenswerten Details.

47

König David, die sogenannte Saba mit ihren reizenden Zöpfen und Samson im Löwenkampf vom Westchorgestühl.

beitet haben, ist durch das leider verlorene des Prager Domes und das von St. Sebald belegt.

Die hintere von zwei Sitzreihen ist mit einer Rückwand abgeschlossen, die mit Propheten, Aposteln und Kirchenvätern verziert ist. Jeder Domherr saß unter einem Baldachin mit aufstrebenden Fialen. Die vordere Reihe hat einen Sitz weniger, um einen Durchgang zu ermöglichen. Die Eingangs- und auch die Seitenwangen dieser unteren Reihe sind mit Freifiguren geschmückt, die z.T. bis heute nicht gedeutet sind. Keine Zweifel bestehen bei einer Darstellung Samsons im Löwenkampf und König Davids mit der Harfe. Gegenüber von David die bekannteste Figur des Gestühls, eine

schmalhüftige Frau mit langen Zöpfen. Gemeinhin wird sie als Königin von Saba bezeichnet, obwohl König David als weibliches Pendant eigentlich Bathseba, seine Frau erwarten ließe. Die Königin von Saba würde als Gegenüber Salomon verlangen.

Wie auch im Osten war der Westchor durch einen Lettner abgeschrankt, so dass die Wangen des Gestühls Richtung Mittelschiff unverziert blieben. Anders Richtung Westen zum Altar: Dort sieht man unter zahlreichen Reliefdarstellungen auch Heinrich und Kunigunde.

Früher saß der Bischof in einer besonders ausgezierten Nische in der Mittelachse des Chores. Heute nimmt er auf der Kathedra

Detail der reich verzierten West-wange und die Rückwand des Westchorgestühls.

Platz, deren Benutzung nur ihm als Ortsbischof zusteht. Seit dem 2. Juni 1904 ist der nach by-zantinischem Vorbild geschaffene Bischofsstuhl in Gebrauch.

Die Kathedra

Die Krypten.
Spuren in die Vergangeheit

Der Begriff Krypta kommt aus dem Griechischen und bedeutet »das Verborgene«. Früher begrub man Märtyrer und Heilige unter dem Hochaltar einer Kirche und machte diese Gräber dem Volk durch einen um das Grab geführten, unterirdischen Gang zugänglich. Aus diesen Anfängen entwickelten sich unter dem Chor gelegene, größere Räume, die Krypten. Sie waren weiterhin Bestattungsräume, jetzt aber nicht mehr für Heilige und Märtyrer, sondern für Bischöfe und weltliche Machthaber. Auch zum Aufbewahren von Reliquien waren die Krypten geeignet.

Der erste Bamberger Dom, der Heinrichsdom besaß unter beiden Chören eine Krypta. Beim Neubau des Ekbertdomes wurden diese Krypten verschüttet oder zum Teil abgerissen. Die mit Schutt verfüllte Westkrypta wurde Ende des 20. Jahrhunderts wieder freigelegt und dient heute als *Bischofsgrablege*. Sie ist nicht öffentlich zugänglich, nur durch ein Gitter kann man einen Blick hineinwerfen. Die Nordwand hat sich vollständig erhalten. Auch die Säulenreihen der ehemals dreischiffigen Anlage sind ansatzweise noch erkennbar. Im Süden schneidet jedoch das Fundament des neuen Domes den alten Raum ab.

Auch im Osten besaß der Heinrichsdom eine Krypta. Von ihr blieb nur ein kleiner Teil, da man beim Bau der neuen Kathedrale hier im

Blick in die Westkrypta des ersten Domes aus dem frühen 11. Jahrhundert, heute Bischofsgrablege.

Die ehemaligen Außenfenster der Heinrichskrypta.

Stuckkapitell aus der »Ottokrypta«.

Osten wiederum eine Krypta vorsah, der die alte weichen mußte. Bei Ausgrabungen im Dom im Jahr 1969 entdeckte man diese alten, ebenfalls mit Schutt verfüllten Reste eher zufällig, legte sie wieder frei und machte sie zugänglich. Nach dem ersten Brand des Heinrichsdomes von 1081 hatte Bischof Otto I. bei den Reparaturmaßnahmen die Krypta vergrößern lassen. Bei dem erhaltenen Raum handelt es sich um diesen unter Otto I. erweiterten Teil der Krypta. Auffällig ist eine Nische, die von zwei Säulen gerahmt wird. Die Kapitelle der Säulen sind aus Stuck. Das bestätigt Berichte, wonach Otto I. die Brandruine des Domes tatsächlich mit Stuck habe ausbessern und verschönern lassen. Die Nische diente vermutlich dem Aufstellen von Reliquienbehältnissen, die dem Volk an bestimmten Tagen präsentiert wurden.

Reste der unter Bischof Otto I. erweiterten Ostkrypta des Heinrichsdomes (sog. Ottokrypta).

Die neugebaute Ostkrypta des Ekbert-domes erstaunt in mehrerlei Hinsicht. Sie ist dreischiffig, besitzt eine ungewöhnliche Größe und wurde mit einem prachtvollen Kreuzrippengewölbe ausgestattet. Selbst die kathedralähnliche Krypta des Speyerer Domes mit ihrer besonderen Bedeutung als salische Grablege erhielt nur ein Kreuzgratgewölbe. Die Kapitelle der Säulen zeigen sehr altertümliche Formen. Formen, die einen Baubeginn nach 1200 nahezu ausschließen. Manche Kapitelle sind sehr oberflächlich bearbeitet, andere ganz unbehauen. Dies spricht für große Eile, die Krypta rasch fertigzustellen: 1200 war Kunigunde heiliggesprochen worden. Die Feier zur Erhebung der Gebeine, besonders aber die Weihe ihres Altars

Blick in die Ostkrypta des zweiten Domes, entstanden kurz vor 1200.

Der Brunnen der Ostkrypta. Rechts ein älteres Kapitell, das aus dem frühen 12. Jahrhundert stammt und hier als Spolie wiederverwendet wurde.

Ottos I. zurückgehen. Sie wurden beim Neubau der Krypta als Spolien wiederverwendet.

Selten, aber nicht einzigartig für eine Kathedrale ist das Vorkommen eines Ziehbrunnens, dessen Wasser verschiedenen Zwecken dienen konnte. Vielfach wurde es als reines Gebrauchswasser genutzt, zurückzuführen auf Zeiten, als Kirchen bei kriegerischen Auseinandersetzungen letzte Zufluchtsstätten waren, in denen man sich verbarrikadierte, um zu überleben. Als geweihtes Wasser konnte es auch liturgischen Zwecken dienen und nicht selten wurde dem Wasser aus Kirchenbrunnen

und die Aufstellung eines wertvollen Büstenreliquiars mit ihrem Schädel wollte man unbedingt im Ostchor des neuen Domes vollziehen. 1 1/2 Jahre verzögerte man die Erhebung der Gebeine und arbeitete fieberhaft daran, die Krypta und das darüberliegende Apsisrund mit dem »Sonnenloch« fertigzustellen (vgl. Kapitel Die Bauformen und ihre Bedeutung).

An der Nordwand finden sich zwei korinthische Kapitelle, die noch aus dem 12. Jahrhundert stammen und auf die Bautätigkeiten

Wundertätigkeit angedichtet. Die Bedeutung des Wassers als Quell allen Lebens war im Mittelalter eminent. Vermutlich besaß schon der Heinrichsdom an dieser Stelle einen Brunnen, der im neuen Dom übernommen wurde. In 8 Meter Tiefe erreicht der Brunnenschacht eine Erdschicht, die klares, kaltes Wasser führt. Heute nutzt man die Anlage als Taufbrunnen. In seiner jetzigen Form stammt der Brunnen aus der ersten Hälfte des 19. Jahrhunderts.

Während dieser Zeit errichtete man an der Nordwand der Krypta auch ein neues *Grab für König Konrad III.* Nach seinem Tod 1152 hatte man ihn zunächst an prominenter Stelle im Mittelschiff beigesetzt. Er fand seinen Platz zu

Seiten des erst kurz zuvor heiliggesprochenen Kaisers Heinrich II. Als 1513 das neue Kaisergrab von Riemenschneider aufgestellt wurde, mußten die umliegenden Gräber aufgelassen werden. Darunter war das Grab Konrads III., aber auch einige Bischofsgrablegen. 1846 wurde König Konrad III. feierlich umgebettet und in der Krypta in einem neoromanischen Sarkophag beigesetzt. In einer entsprechenden Tumba gegenüber fanden zur gleichen Zeit die Gebeine von fünf frühen Bischöfen ihre letzte Ruhe, darunter der erste Bamberger Bischof Eberhard († 1040).

Die Ostkrypta wird heute für Taufen und kleinere Gottesdienstfeiern verwendet.

Die Kapellen.
Separate Andachtsräume

Ursprünglich bezeichnete man als »Capella« nur einen Raum, den Aufbewahrungsort des Mantels des Hl. Martin, der »Cappa« im Königspalast in Paris. Später nannte man jeden kleinen, selbstständigen Kultraum in Kirchen oder als Anbauten an Kirchen Kapelle. Sie können je nach ihrer Funktion namentlich unter-

Die ehemalige Nikolauskapelle im Südostturm.

Die Kilianskapelle im Nordostturm zeigt noch Reste von Wandmalereien.

schieden werden, so etwa als Tauf-, Beicht- oder Sakramentskapelle.

Der Bamberger Dom besitzt etliche solcher separater Andachtsräume. So haben sich z.B. in den beiden Osttürmen jeweils in den ersten Obergeschossen Kapellenräume erhalten, die am Außenbau durch kleine Fensterrosen erkennbar sind. Zu den Seitenschiffen öffnen sie sich mit großen Rundbögen. Die *Turmkapellen* sind den Heiligen Nikolaus und Kilian geweiht

In der Sakramentskapelle (oben) findet sich ein Tafelbild, das um 1515 im Cranachumkreis entstand.

Links unten der Heilige Nagel, der in der nach ihm benannten Kapelle aufbewahrt wird.

und wurden bis ins 17. Jahrhundert als liturgische Nebenräume gottesdienstlich genutzt. Heute sind sie öffentlich nicht zugänglich.

Ein Sonderfall ist die *Sakramentskapelle* im südlichen Seitenschiff vor dem Querhaus. Ihr Fußboden lag früher bedeutend tiefer auf dem Niveau des daneben liegenden Kreuzganges und der benachbarten Sepultur (Nagelkapelle). Von der Sepultur aus und nicht vom Dom war die Kapelle zugänglich. Erst im 19. Jahrhundert hob man den Boden auf Höhe des Domfuß-

Die Nagelkapelle war ursprünglich die Begräbnisstätte des Domkapitels.

bodens und verlegte den Eingang in die Kathedrale. Die Kapelle war ursprünglich der Hl. Gertrud geweiht, trägt heute aber den Namen des Hl. Antonius, weil man 1807 eine Statue von ihm in der Kapelle aufstellte. Seit 1974 wird der Raum als Sakramentskapelle genutzt. Das Altarbild zeigt ein *Rosenkranzbild* von 1510/1520, das stilistisch in die Nähe der Cranachwerkstatt gehört.

Direkt neben der Sakramentskapelle, aus dem Querhaus zugänglich, befindet sich die sogenannte »*Nagelkapelle*«. Der zweischiffige, gewölbte Raum wurde einerseits als Grablege der Domherren, aber auch als Kapitelsaal für ihre Versammlungen genutzt. Im frühen 13. Jahrhundert nur halb so groß errichtet, wurde er Mitte des 15. Jahrhunderts auf die jetzige Größe verlängert. Im 18. Jahrhundert stellte man die bronzenen Grabplatten, die ursprünglich den Boden bedeckten, an der Wand auf. Denn nun war nicht mehr die Funktion als Sepultur von Bedeutung, sondern in den Vorder-

Die neu eingerichtete Häupterkapelle mit den Schädelreliquiaren des Heilgen Kaiserpaares Heinrich II. und Kunigunde.

grund war die Verehrung des Hl. Nagels getreten. Um die Gottesdienste im Dom nicht durch den Zustrom von Pilgern zu dieser seit dem Mittelalter hoch verehrten Reliquie zu stören, stellte man sie in der Sepultur am Kreuzaltar aus. Seither trägt die Kapelle den Namen »Nagelkapelle«. Der Hl. Nagel hat nach langer Aufbewahrung im Museum seit 1992 wieder seinen angestammten Platz vor dem Kreuzaltar erhalten.

Seit dem Jahr 2000 werden die kostbarsten Reliquien des Bamberger Domheiltums, die Kopfreliquien von Heinrich und Kunigunde in einem neu eröffneten Raum, der sogenannten »Häupterkapelle« gezeigt. Diese Kapelle, angebaut an das nördliche Querhaus, wurde vermutlich ursprünglich als Sakristei gebaut. An würdigem Ort und in gelungener Form präsentiert, sieht man die Häupter der Heiligen unter nachempfundenen Grabkronen salischer Kaiser, wie man sie aus dem Dom in Speyer kennt. Die kleine Kapelle, weit ab vom Trubel des Tourismus gelegen, ermöglicht die nötige Ruhe und Andacht, die diesen Reliquien zusteht. Unachtsam war man zuvor an ihren Altären im nördlichen Seitenschiff vorbeigegangen.

Die Ausstattung

Die Steinskulpturen des 13. Jahrhunderts

Schon während der Errichtung der Kathedrale plante man an einzelnen Pfeilern freistehende Figuren, deren Standkonsolen gleich beim Bau mit eingemauert wurden. Dies konnte jedoch nicht in Absprache mit den Bildhauern geschehen, die zu diesem Zeitpunkt noch nicht vor Ort waren, denn die Standfiguren im Dom stammen alle von der »jüngeren Schule«, die erst in den frühen Zwanziger Jahren des 13. Jahrhunderts auf die Baustelle kam.

Die Künstler kannten französische Skulpturen, kannten Reims, damals Zentrum des Antikenstudiums. Innovativ und voller Elan wollten sie diese modernsten französischen Strömungen auch in Bamberg verwirklichen und entwickelten ein Figurenprogramm, für das die vorgesehenen Konsolen zum Teil nicht paßten. Sie wurden verkleinert, erhöht oder gar neue nachträglich in die Pfeiler eingesetzt.

So geschehen bei der Blattkonsole des *Reiters*. Ein Reiterstandbild war an dieser Stelle offenbar nicht geplant, heute ist es eines der

Die nachträglich eingesetzte Blattkonsole des Reiters.

berühmtesten Kunstwerke der deutschen Kunstgeschichte.

Die Figur entstand um 1230. Der unbekannte Bildhauer, der als »Reitermeister« bezeichnet wird, wählte den weichen Schilfsandstein, denn es war nicht nur eine künstlerische Meisterleistung, das erste lebensgroße Reiterstandbild nach der Antike zu schaffen. Vielmehr galt es auch, das Unternehmen technisch zu bewältigen. Aus diesem Grund wurde die Figur aus mehr als 10 Einzelteilen in der Werkstatt gemeißelt, dann am Aufstellungsort zusammengesetzt und dann nochmals überarbeitet.

Die Bamberger Tradition sah in dem Reiter immer den Heiligen Stephan, was seit dem 18. Jahrhundert auch durch schriftliche Quellen belegt ist. Diese Deutung wurde durch modernste Forschungsergebnisse untermauert.

Der Schwager Heinrichs II. war König Stephan von Ungarn. Heinrich hatte Stephan zum Christentum bekehrt, was ausdrücklich in seiner Kanonisationsurkunde vermerkt wird. Der Legende nach soll er im Bamberger Dom getauft worden sein. Interessanterweise hatte Bischof Ekbert, der Erbauer des Domes, zu des-

Der Reiter gehört zu den bedeutendsten und meist erforschten Skulpturen der europäischen Kunstgeschichte. Dennoch ist seine Identität bis heute nicht eindeutig geklärt.

Der Tasselmantel, Kleidung der mittelalterlichen Oberschicht, die Fibel, der wertvolle Sattel mit geschmückter Decke und die Krone deuten auf einen Hochadeligen, einen König hin.

sen Lebzeiten der Reiter entstand, die gleichen verwandschaftlichen Beziehungen zu Ungarn, wie Kaiser Heinrich II. zweihundert Jahre zuvor. König Andreas II. von Ungarn war sein Schwager und das gab Ekbert die Möglichkeit, nach dem Königsmord in Bamberg (vgl. Kapitel »Der Ekbertdom«), der ihm den Bann einbrachte, an den ungarischen Königshof zu fliehen. Welch wunderbare Möglichkeit, mit einem Standbild seine Dankbarkeit auszudrücken!

Doch trotz der vielfältigen und sehr schlüssigen Argumentationen für Stephan wird die Identität des Reiters weiterhin diskutiert. Der Popularität des Standbildes tut dies keinen Abbruch, im Gegenteil! Im 19. Jahrhundert wurde seine Bekanntheit zur Untermauerung nationaler Ideologien genutzt, was unter dem Regime der Nationalsozialisten rassistisch pervertierte. Heute ist der Bamberger Reiter Wahrzeichen der Stadt Bamberg, damit auch marktwirtschaftliches Symbol und der beste Werbeträger der Stadt. Wie alle Figuren des Domes war auch der Reiter farbig gefaßt. Nicht das Abbild eines Heiligen wünschte man sich, sondern den Heiligen selbst und so wurden die Figuren möglichst lebensnah gestaltet. Dies galt auch für die Figuren an den Chorschranken im nördlichen Seitenschiff. Eine Dreiergruppe wird gebildet aus zwei Frauendarstellungen und einem Engel. Am folgenden Pfeiler rechts sieht man den *Hl. Dionysius*. Als erster Bischof von Paris starb er den Märtyrertod durch Enthauptung auf dem

Mont Martre in Paris. Der Legende nach trug er seinen Kopf bis zu der Stelle, an der er bestattet werden wollte. Hier entstand seine Grabeskirche St. Denis. Der *Engel* am nächsten Pfeiler

Dionysius, erster Bischof von Paris hat für seinen Glauben »den Kopf hingehalten«. Die Figur des Enthaupteten steht heute im nördlichen Seitenschiff an den Westchorschranken.

hält lächelnd die Krone des Märtyrertums, die er dem Hl. Dionysius übergeben wird.

Besonders qualitätsvoll sind die beiden Frauengestalten. Mit einem geschlossenen Buch in der

Der berühmte Lachengel mit der abgebrochenen Märtyrerkrone für Dionysius und Maria gehört zu den bedeutenden Großplastiken des frühen 13. Jahrhunderts.

Hand blickt *Maria* auf die Besucher des Domes. Herausragend die Gewandbehandlung, die ohne die Kenntnis griechischer oder römischer Gewandstatuen so nicht denkbar ist. Auch das Standmotiv mit klar geschiedenem Stand- und Spielbein und dem daraus folgenden Schwung im Körper ist eine Folge von Studien antiker Vorbilder. So wundert es nicht, dass enge Verbindungen zu Skulpturen an der Reimser Kathedrale festzu-

stellen sind. Reims war ein Zentrum des Antikenstudiums im mittelalterlichen Europa.

Die links neben Maria stehende Figur wurde lange als *Elisabeth* bezeichnet und man glaubte in der Kombination mit Maria eine Heimsuchungsgruppe erkennen zu können. Heute deutet man die alte Frau einfach als Prophetin oder Sybille, eine weise Frau, die die Aufgabe Mariens als Mutter des Erlösers vorhersah. Als Künstler dieser beiden hervorragenden Figuren sieht man gerne den Hauptmeister der jüngeren Schule, den sogenannten Reitermeister.

Die Figuren standen früher sicher nicht an der heutigen Stelle. Wo sie ihren Platz hatten, ist nicht mehr festzustellen. Zu denken ist an eine Aufstellung an den ehemaligen Lettnern oder im Westchor. Es ist möglich, dass die teilweisen Beschädigungen, die v. a. an der Prophetin zu sehen sind, von diesen Umstellungen herrühren. Möglich ist es aber auch, dass Figuren bereits bei der Erstaufstellung beschädigt wurden.

Die Statuen wurden in der Regel liegend auf einer Werkbank in der Bildhauerwerkstatt bearbeitet. Nach Fertigstellung lud man die zentnerschweren Kunstwerke auf Karren und transportierte sie zur Kathedrale. Über die Treppenstufen hinauf schleppte man sie zum Aufstellungsort, wo sie mit Flaschenzügen em-

Die sogenannte »Elisabeth«, die man heute als Sybille oder Prophetin bezeichnet, wurde, wie auch die anderen Großplastiken des Domes, von der jüngeren Werkstatt nach 1225 gearbeitet.

porgewuchtet wurden. Hin und wieder wurden Figuren bei diesen Arbeiten beschädigt oder stürzten gar beim letzten Akt, dem Hochziehen, zu Boden und zerbarsten. Wenn möglich, wurden die Beschädigungen vor Ort repariert und abgebrochene Teile angekittet.

Kurz nach 1225 wurde der Posaunenengel von der jüngeren Werkstatt in den Archivolten des Fürstenportals platziert. Seit dem frühen 20. Jh. steht er im Nordseitenschiff.

Die Altäre.
Eine Auswahl

Schon bei der Weihe des Heinrichsdomes war das Gotteshaus mit einem Haupt- und acht Nebenaltären ausgestattet. Bis in die Barockzeit wuchs diese Zahl auf über Vierzig. Der größte Teil wurde während und nach der Purifizierung des Domes in der ersten Hälfte des 19.Jahrhunderts verkauft. Der Geschmack der damaligen Zeit empfand die meist barocken Kunstwerke als unpassend. Man ersetzte die Verluste durch neoromanische Werke. Einige haben sich erhalten, sind aber durch neue Aufbauten verändert worden.

In der ersten Hälfte des 20. Jahrhunderts konnte der reduzierte und damit unbedeutende Bestand der Altäre im Dom jedoch um drei hervorragende Kunstwerke ergänzt werden. 1904 schenkte Erzbischof von Schork den *Mühlhausener Altar* an die Kathedrale. Das Kunstwerk stammte aus der evangelisch gewordenen Pfarrkirche in Mühlhausen im Kreis Erlangen/Höchstadt. Der Altar wurde zunächst im nördlichen Seitenschiff aufgestellt, bis er seinen endgültigen Platz im nördlichen Querhaus fand. Der Schrein zeigt Maria als Himmelskönigin im Strahlenkranz, umgeben von einer Engelsmusik. Die Flügelreliefs beschreiben Szenen aus dem Leben Mariens. Die Rückseiten der Flügel sind mit gemalten Bildern aus dem Leben und der Legende der Hl.Anna versehen.

Besonders schön ist die Predella, mit der Darstellung von vier Heiligen Jungfrauen: Margaretha, Katharina, Barbara und Dorothea. Der Altar entstand um 1500 vermutlich in einer Nürnberger Werkstatt. Das neogotische Rankenwerk wurde im 19. Jahrhundert zugefügt.

1923 kam der *Kirchgattendorfer Altar* in den Dom. In dem kleinen Ort Kirchgattendorf

Der Mühlhause-
ner Altar, vermut-
lich eine Nürnber-
ger Arbeit aus
der Zeit um
1500, gelangte
erst im 20. Jahr-
hundert in den
Dom. Er steht
heute im Nord-
querhaus.

Der Kirchgatten-
dorfer Altar,
ebenfalls erst im
20. Jahrhundert
für den Dom
erworben, ent-
stand um 1520
im thüringisch-
sächsischen
Raum.

Zu den großen
Schnitzwerken
des frühen 16.
Jahrhunderts ge-
hört der Weih-
nachtsaltar des
Nürnberger
Künstlers Veit
Stoß, der auf ver-
schlungenen
Wegen 1937
in den Dom
gelangte.

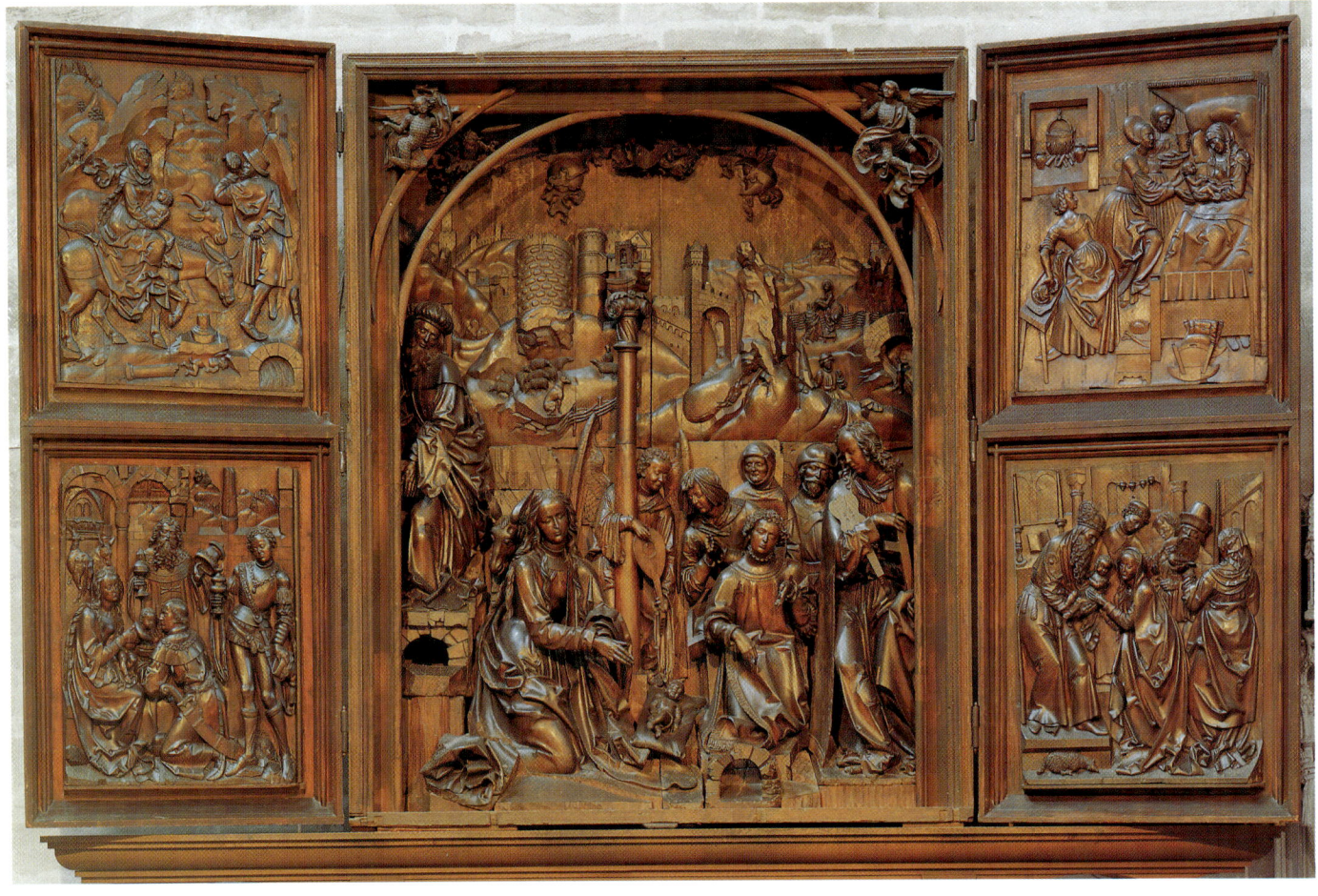

bei Hof diente er bis zur Barockisierung der evangelischen Kirche als Hauptaltar. Dann wurde er in eine unbedeutende Ecke der Kirche abgeschoben, 1918 an die Pfarrei Steinwiesen verkauft und gelangte 1919 auf Initiative wohltätiger Stifter in den Besitz des Domkapitels.

Das Werk entstand um 1520 und wird heute einem thüringisch-sächsischen Meister zugeschrieben. Der Schrein zeigt die Figuren von Maria, Katharina und Barbara, während die Flügel, wie auch beim Mühlhausener Altar, mit Szenen aus dem Marienleben verziert sind. Die Rückseiten der Flügel wurden mit Gemälden geschmückt, die weitere Episoden des Lebens der Mutter Maria zeigen. Und auch die Predella hat Maria zum Thema.

1937 schließlich kam der dritte große Marienaltar in die Kathedrale. Anläßlich der siebenhundersten Wiederkehr der Domweihe wurde der große Schnitzaltar des Künstlers Veit Stoß, der sogenannte *Weihnachtsaltar* aus der Oberen Pfarre in das südliche Querhaus des Domes überführt, wo er bis heute steht. Der Kirchgattendorfer Altar mußte weichen. Er ist nun im nördlichen Seitenschiff zu sehen.

Der Weihnachtsaltar wurde 1520 durch Andreas Stoß, Sohn des Künstlers und Prior im Karmelitenkloster Nürnberg bei seinem Vater, einem der besten Bildschnitzer der Zeit, in Auftrag gegeben. 1523 ist das Werk vollendet, wird zum Abschluß vom Künstler signiert und datiert und dann im Nürnberger Kloster aufge-

Der Schrein des
Weihnachts-
altares zeigt die
Geburt Christi.
Der Heiligen
Familie mit Ochs
und Esel sind die
Engel und Hirten
gegenüber-
gestellt.

Der linke Flügel des Weihnachtsaltares zeigt die Flucht nach Ägypten (ehemals Rückseite eines Flügels) und die Anbetung der Hl. Drei Könige.

Der rechte Flügel stellt die Geburt Mariens (ehemals Rückseite eines Flügels) und die Darbringung im Tempel dar.

stellt. Der Altar ist noch nicht vollständig bezahlt, als sich 1525 Nürnberg der Reformation anschließt. Das Kloster wird aufgelöst und der Rat der Stadt Nürnberg als Rechtsnachfolger verweigert die Restzahlung an den Künstler. Das Verfügungsrecht über den Altar bleibt bis 1543 beim Nürnberger Rat. Erst dann wird eine Einigung mit den Stoß'schen Erben gefunden und der Altar nach Bamberg verkauft. Die Akten lassen schließen, dass Fürstbischof Weigand von Redwitz, der in engem Kontakt zu Andreas Stoß stand, das Kunstwerk aus privaten Mitteln kaufte. Entweder noch in Nürnberg oder aber bei der Überführung nach Bamberg gingen Stücke verloren. Er wurde in Einzelteilen in der Oberen Pfarrkirche aufgestellt und blieb dort fast 400 Jahre, bevor er, nun in neuer Zusammenstellung, in den Dom gelangte.

Der Mittelschrein zeigt die Anbetung des Kindes in teils überlebensgroßen Figuren. Eine Säule teilt die Figuren in die Hl. Familie mit Ochs und Esel und eine Schar von Engeln. Dieser Darstellung verdankt der Altar seinen Namen. Die vier Flügelreliefs zeigen die Flucht nach Ägypten, die Anbetung des Kindes durch die drei Könige, die Geburt Mariens und die Darstellung im Tempel.

Die Anordnung der Reliefs ist willkürlich, gehörten doch die beiden oberen Flachreliefszenen mit zwei weiteren, leider verlorenen Bildern ehemals auf die Rückseite der Flügel. Die Rückseiten wurden sichtbar, wenn der Altar geschlossen wurde. Dies geschah an den normalen Wochentagen. Deshalb spricht man bei den Rückseiten der Flügel von »Alltagsseiten«.

Die beiden Hochreliefbilder waren bei geöffnetem Zustand des Altares auf dem linken Flügel zu sehen und sind durch die Szenen der Verkündigung und der Heimsuchung auf dem rechten Flügel zu ergänzen. Gotische Flügelaltäre wurden an den Feiertagen geöffnet und zeigten dann ihre wertvollere Ansicht. Man spricht deshalb von »Festtagsseite«. Das Aussehen der Festtagsseite des Weihnachtsaltares ist uns durch eine eigenhändige Zeichnung von Veit Stoß überliefert. Gekrönt wurde das Kunstwerk von einem sogenannten Gesprenge, einem filigranen Schnitzaufsatz. Es ging zum größten Teil verloren. Verloren ist auch die Predella, der Untersatz.

Der Künstler verwendete die weiche Linde, die ihren Namen durch die »linde« Beschaffenheit ihres Holzes erhielt. Das fast weiße Holz wurde von Veit Stoß lediglich mit Firnis honigfarben abgetönt. Die heutige, sehr dunkle Fassung geht auf das 19. Jahrhundert zurück und nimmt dem Altar jegliche Tiefenwirkung, weil kein Spiel von Licht und Schatten mehr möglich ist.

Der Altar war nie farbig gefaßt. Das erfahren wir aus einer schriftlichen Niederlegung des Andreas Stoß: *»Bruder Andreas Stoß ... ließ durch seinen Vater ... die Tafel im Chor mit einem neuen Antlitz schmücken 1523. Kein Prior* *soll sie leichthin mit Farbe bemalen lassen. Den Grund dafür werden ihm alle kunstverständigen Meister dieses Zweiges sagen können. Die Tafel soll nur geöffnet werden an Weihnachten, Ostern und Pfingsten mit den zwei folgenden Tagen, an Himmelfahrt, an Dreifaltigkeitsfest, Allerheiligen, Erscheinungsfest des Herrn, Fronleichnam, Kirchweih und an allen Festen der seeligen Jungfrau Maria ... Zweimal im Jahr soll sie gereinigt werden. Und es sollen keine große Kerzen auf den Altar gestellt werden wegen des Rauchs. Zwei kleine Kerzen genügen. Die übrigen sollen fern vom Altar ihren Platz finden.«*

In der Zeit nach 1500, am Ende des Mittelalters tauchen die ersten ungefaßten Altäre auf. Gerade die großen Bildschnitzer wie Veit Stoß oder auch Tilman Riemenschneider verzichteten auf Farbe. Das hatte einen handfesten Hintergrund: Schnitzer und Bildhauer waren in der Regel nicht Mitglieder in der Zunft der Maler und durften aus diesem Grund ihre Altäre nicht selbst bemalen. Die Werke mußten also Faßmalern anvertraut werden, die durch das Aufbringen eines dicken Kreidegrundes und der Farbe die Figuren vollständig veränderten. Viele Bildschnitzer wollten jedoch die Authentizität ihrer Werke bewahrt wissen und ließen die Figuren demzufolge holzfarben, zumal sie sich ärgerten, dass die Faßmaler höher bezahlt wurden, als sie selbst, was auch auf den hohen Preis der Farben, besonders des Blattgoldes zurückzuführen war.

Die beginnende Neuzeit, die Renaissance hatte auch ein neues Menschenbild geformt. Künstler des Mittelalters blieben in der Anonymität. Ihre Werke sollten nur Gott preisen und nicht den Meister. Das änderte sich nun. Der Stolz auf das eigene Schaffen tritt in den Vordergrund. Überzeugt vom eigenen Können signiert Veit Stoß deshalb auch den Altar an prominenter Stelle: Im Mittelschrein trägt ein gemauerter Bogen seine Signatur.

Letzter Rest der Barockaustattung des Domes ist der *Kreuzaltar* des Künstlers Justus Glesker, der jetzt im Westchor zu sehen ist. Der in Frankfurt tätige Flame Justus Glesker wurde von Fürstbischof Otto Voit von Salzburg beauftragt, einen Teil der Barockausstattung des Domes herzustellen. Von 1648 bis 1653 arbeitete er die leider verlorenen Hochchoraltäre, einen prachtvollen auferstandenen Christus, heute im Diözesanmuseum zu bewundern und den Kreuzaltar. Diese Kreuzigungsgruppe, bestehend aus Christus am Kreuz, Maria, Johannes und Maria Magdalena stand ursprünglich vor dem Ostchor beim Kaisergrab. 1837 wurde die Gruppe, wie vieles andere auch, verkauft und 1917 aus Privatbesitz für den Dom zurückerworben. Sie allein kann heute noch Zeugnis von der hochwertigen Ausstattung der Barockzeit ablegen, auch wenn die Figuren durch ihre flächige Neuvergoldung viel an Ausstrahlung eingebüßt haben.

Der Kreuzaltar im Westchor von Justus Glesker. Letzter Rest einer einstmals prachtvollen Barockausstattung.

Grabmale

Die Bischöfe hatten und haben bis heute das Recht, innerhalb der Dommauern bestattet zu werden. Dieses Recht wird in der Regel bis heute wahrgenommen. Die Beisetzungen der Bischöfe, die ja zugleich die Landesherren waren, machten die Kathedrale auch zu einem Monument staatlicher Herrschaftsrepräsentation. Doch nicht nur die Bischöfe fanden ihre letzte Ruhe in der Kathedrale. Auch hochadeligen Persönlichkeiten wurde hin und wieder diese Ehre erwiesen, besonders wenn sie der Bamberger Kirche nahestanden oder sich um sie verdient gemacht hatten. So wurde der Dom letzte Ruhestätte für das Kaiserpaar Heinrich (1024) und Kunigunde (1033), wie sie es sicher schon zu Lebzeiten vorgesehen hatten.

1152 setzte man den nach schwerer Krankheit in Bamberg verstorbenen König Konrad III. in der Nähe des Kaisergrabes im Langhaus bei. Eine besondere Ehre, denn wenige Jahre zuvor war Kaiser Heinrich II. heiliggesprochen worden. Die Nähe zu einem Heiligen war von eminenter Bedeutung.

Im 16. Jahrhundert hatte man nach Aufstellung des neuen Kaisergrabes von Riemenschneider das Grab König Konrads III. auflassen müssen. Auf Veranlassung des Bayernkönigs Ludwig I. wurden die Gebeine Anfang des 19. Jahrhunderts im Langhaus geborgen

und in einer neoromanischen Tumba in der Krypta neubestattet. Aus gleichem Grund erfuhren der erste Bamberger Bischof Eberhard (gest. 1040) und mit ihm weitere vier frühe Bischöfe eine Umbettung. Auch sie waren in der Nähe des Kaiserpaares beigesetzt worden und ruhen nun gemeinsam in einer Tumba, identisch der Konradtumba, in der Krypta.

1208, einen Tag nach seiner schändlichen Ermordung in der Pfalz zu Bamberg (siehe Kapitel: Der Ekbertdom – Eine neue Kathedrale entsteht), wird König Philipp von Schwaben als vierte weltliche Persönlichkeit nach dem Kaierpaar und König Konrad III im Dom beigesetzt. Auch er »bi sente Conegunde grab«. Allerdings fand er hier nicht seine letzte Ruhe. Kaiser Friedrich II. läßt ihn Weihnachten 1213 auf Anraten seines Kanzlers, des Bischofs von Speyer, Konrad von Scharfenberg, in den Dom zu Speyer überführen. In den zeitgenössischen Urkunden wird berichtet, Philipp solle näher bei seinen »Eltern« und »Vorgängern« sein, denn in Speyer war seine Mutter, Kaiserin Beatrix beigesetzt.

So mehrte sich über die Jahrhunderte die Anzahl der Gräber stetig, bis die Säkularisation einen nicht wieder gut zu machenden Verlust verursachte. Es wurden bei der Purifizierung des Domes alle Epitaphien der Renaissance, des Barock und Rokoko abgebaut und in die Klosterkirche St. Michael verbracht. Eine ununterbrochene Reihe hervorragender Grabmale aller kunsthistorischer Epochen aus dem Mittelalter bis in die Neuzeit wurde zerrissen. Dennoch sind dem Dom noch immer beachtenswerte Grabkunstwerke geblieben.

Das Papstgrab

An erster Stelle ist das *Papstgrab* zu nennen, das einzige Papstgrab nördlich der Alpen. In ihm ruht Clemens II., vormals zweiter Bischof von Bamberg mit dem Namen Suidger. Als ehemaliger Hofkaplan und Freund König Heinrichs III. zog er im Oktober 1046 mit dem König nach Italien. Heinrich III. wollte auf der Synode von Sutri, die am 20. Dezember stattfand, das Papsttum festigen. Es gelang, drei rivalisierende Päpste ihrer Ämter zu entheben und Bischof Suidger am 1. Weihnachtstag im römischen Petersdom auf den Stuhl Petri zu inthronisieren. Am gleichen Tag salbte er König Heinrich III. zum Kaiser. Schon im Januar 1047 berief der neue Papst eine Synode ein, die sich mit der Abschaffung der Simonie, also dem einträglichen Geschäft des Ämterkaufes, beschäftigen sollte. Doch für die Abschaffung der Mißstände in den eigenen Reihen blieb ihm wenig Zeit. Während einer Reise durch Norditalien er-

Das Grab von Papst Clemens II. († 1047) im Westchor.

krankt er im September 1047 schwer und verstirbt am 9. Oktober im Thomaskloster bei Pesaro. Durch die Art seiner Berufung und die zukünftigen Aufgaben, die sich Clemens II. selbst gestellt hatte, verschaffte er sich naturgemäß Feinde. Der plötzliche Tod ließ rasch die Vermutung aufkommen, er sei durch »welsch süpplin« vergiftet worden. Moderne Untersuchungen legen tatsächlich eine Bleivergiftung nahe. Auf eigenen Wunsch wurde Papst Clemens II. in sein Bistum Bamberg zurückgeführt. Für dieses Bistum hatte er immer tiefe Zuneigung empfunden, die sich in einem Brief aus dem Jahr 1046 besonders ausdrückt. Hier nennt er die Kirche von Bamberg seine Schwester, Taube und Braut. Bemerkenswert in der Geschichte des Papsttums, dass Clemens II. – obwohl Papst in Rom – gleichzeitig Bischof von Bamberg blieb.

Seine letzte Ruhe fand er im Westchor der Bamberger Kathedrale. Seine Tumba ist aus italienischem Marmor, den man vielleicht gleich mit dem Leichnam nach Bamberg brachte. Im Zuge des Neubaues der Kathedrale unter Bischof Ekbert im frühen 13. Jahrhundert wurde auch das Papstgrab neu gestaltet. Die Seitenwände der Tumba erhielten eigentümlich modern wirkende Flachreliefs. Sie zeigen die Quelle der vier Paradiesströme, dargestellt durch einen nackten Mann mit einer Urne. Die vier Paradiesströme werden hier symbolisch durch die Kardinaltugenden Weisheit, Stärke, Mäßigung und Gerechtigkeit vertreten. Die Schmalseite Richtung Westen erhielt die Darstellung von Johannes dem Täufer, Patron der Lateranbasilika. Er wird als Vorkämpfer für das Christentum mit einem Schwert gezeigt, zugleich Zeichen seines Martyriums, denn für seinen Glauben wurde er enthauptet. Das Lamm, Symbol für das Christentum ziert sein Schild. Richtung Osten sieht man das Sterbelager des Papstes. Hinter seinem Bett steht der Erzengel Michael, Begleiter der Seelen ins Jenseits.

Es deutet vieles darauf hin, dass die Grabanlage ursprünglich wesentlich anspruchsvoller ausgestattet war, denn gleichzeitig mit den Reliefs entstand um 1225–1230 die Liegefigur des Papstes, die jetzt ihren Platz an den nördlichen

Justitia, die Gerechtigkeit mit Waage und Temperantia, die Mäßigung, die Wein mit Wasser mischt. Zwei der vier Kardinaltugenden vom Papstgrab.

Ostchorschranken gefunden hat. Da die heutige obere Abdeckung der Tumba erst aus dem 17. Jahrhundert stammt, ist zu vermuten, dass diese Liegefigur als Deckplatte gearbeitet und eventuell auch verwendet wurde. Für ein Grab dieser Bedeutung kann man sogar von weiterem Figurenschmuck ausgehen. Es wird diskutiert, ob nicht auch der Hl. Dionysius und der »Lachengel«, beide ebenfalls an den nördlichen Chorschranken (Siehe Kapitel: Die Stein-

Die Schmalseiten des Papstgrabes zeigen Johannes d.T. und Clemens II. auf dem Sterbelager.

Sapientia, die mit ihrer Klugheit den Drachen bändigt und Fortitudo, die Stärke, die den Löwen besiegt.

skulpturen des 13. Jahrhunderts) im Zusammenhang mit dem Grab standen. Clemens II. starb am Tag des Hl. Dionysius, dem 9. Oktober im Jahr 1047. Die Säulenstümpfe rund um den Sockel der Tumba lassen obendrein eine prächtige Baldachinanlage vermuten.

Personifikation der Quelle der vier Paradiesflüsse Euphrat, Tigris, Pison und Gichon, am Papstgrab mit den Kardinaltugenden gleichgesetzt.

volle Kathedrale bauen. Dahinter steckt der Gedanke einer Memorialstiftung, denn sie hatten keine leiblichen Erben mehr zu erwarten, die ihr Gedächtnis aufrecht erhalten und für ihr Seelenheil sorgen würden. Schon von Jugend an liebte Heinrich sein Bamberg, schenkte es als besondere Liebesgabe seiner Frau zur Hochzeit. Hier möchte er auch begraben sein. Als Heinrich II. am 13. Juli 1024 in der Pfalz Grone bei Göttingen stirbt, wird er nach Bamberg überführt und im Mittelschiff seines Domes mit Blick Richtung Osten beigesetzt. Der Sarg wird im Boden eingelassen und sicher mit einer beschrifteten Platte abgedeckt. Es ist die erste Bestattung im Dom.

Kunigunde verbringt die Witwenjahre in dem von ihr gegründeten Kloster Kaufungen bei Kassel und wird nach ihrem Tod 1033 zur Rechten Heinrichs beigesetzt. 1146 werden Heinrich und 1200 Kunigunde heiliggesprochen. Es erfolgte die Erhebung der Gebeine, die nun in einzelnen Hochgräbern über der ursprünglichen Begräbnisstelle beigesetzt wurden.

Im Jahr 1500 jährte sich die Heiligsprechung der inzwischen hochverehrten Kaiserin Kunigunde zum dreihundertsten Mal. Vielleicht war dies der Anstoß für das Domkapitel, ein neues, nun gemeinsames Grab für das Kaiserpaar schaffen zu lassen. Der Auftrag erging an den bedeutendsten Bildhauer der damaligen Zeit: Tilman Riemenschneider. Man plante eine Fertigstellung für das Jahr 1507, das 500-jährige

Während des 2. Weltkriegs wurde das Grab geöffnet und danach an einen sicheren Ort verbracht. 1947 hat man es am ursprünglichen Ort wieder aufgerichtet und die Gebeine des Papstes darin beigesetzt, während man die Grabbeigaben und den Ornat nach hervorragender Restaurierung im Diözesanmuseum öffentlich zugänglich machte.

Das Kaisergrab

Außer dem Papstgrab besitzt der Bamberger Dom ein doppeltes Heiligengrab. Es ist das Grab des Kaiserpaares Heinrich II. und Kunigunde. Neben der hohen liturgischen Bedeutung hat dieses Grab auch überregionalen kunsthistorischen Wert.

1007 gründeten Heinrich II. und Kunigunde das Bistum Bamberg und ließen eine prachtvolle

Bistumsjubiläum. Doch die Arbeiten verzögerten sich. Auch im Jahr 1512 konnte das Grab nicht errichtet werden. Es wäre die fünfhundertste Wiederkehr der ersten Domweihe gewesen. 1513, vierzehn Jahre nach Auftragsvergabe, konnte die Tumba endlich im Dom aufgestellt werden.

Das Grab ist an den Lang- und einer Schmalseite mit 5 Szenen aus dem Legendenleben des Heiligenpaares verziert. Die Entwürfe dazu lieferte der Bamberger Maler Wolfgang

Das Grab Kaiser Heinrichs II. und seiner Frau Kunigunde von Tilman Riemenschneider. Am Sockel findet sich allerlei Getier, das auf Tod und Auferstehung hinweist.

Katzheimer nach Würzburg, denn die Riemenschneiderwerkstatt war in der exakten Darstellung der Legenden nicht bewandert und es durfte kein Fehler passieren.

Die Anordung der Bilder folgt der Lage des Kaiserpaares auf der Deckplatte. Die Kunigundenseite zeigt links eine Szene, die das Gottesurteil oder auch Pflugscharprobe genannt wird.

Kunigunde unterwirft sich dem Gottesurteil: Eine Pflugscharprobe beweist ihre Unschuld.

Es ist die bekannteste Legende der Heiligen. Heinrich II. hatte seine Gemahlin des Ehebruchs verdächtigt. Da eine Frau im Mittelalter nicht eidfähig war, schreitet Kunigunde zum Beweis der ehelichen Treue über glühende Pflugscharen. Gott soll entscheiden und er läßt Kunigunde unverletzt. Die Pflugschare ist seither Erkennungsmerkmal und Attribut bei Darstellungen der Hl. Kunigunde.

Das rechte Bild stellt das Pfennigwunder dar: Beim Bau der Stephanskirche hat die Kaiserin, so wird berichtet, jeden Abend eine Schüssel mit Geld bereit gehalten und jedem Arbeiter gab diese Schüssel nur soviel Geld frei, wie ihm zustand. Das war das Wunder.

Erst 1853 wird die Geschichte von den glühenden Pfennigen dazugedichtet. Einer der Werkleute habe doch mehr genommen, als er

Kunigunde verteilt den gerechten Lohn an die Arbeiter, die beim Bau der von ihr gestifteten Stephanskirche mitwirkten.

Der Hl. Benedikt
vollzieht im Klos-
ter Montecassino
an Kaiser Hein-
rich die Stein-
heilung.

verdient hatte, so dass der Lohn nie für alle reichte. Die Kaiserin begab sich daraufhin auf die Baustelle um die Lohnentnahme zu beaufsichtigen. Wieder wollte der Dieb zuviel entnehmen, die Pfennige jedoch glühten und brannten ihm ein Loch in die Hand.

Die Heinrichsseite zeigt rechts die Heilung des Kaisers von einem Steinleiden durch den Hl. Benedikt im Kloster Montecassino und links die Seelenwägung. Den Ausschlag der Waage zum Guten bringt der Hl. Laurentius in Form eines Meßkelches, den Jahre zuvor Hein-

Die Seelen-
wägung Kaiser
Heinrichs wendet
der Hl. Laurentius
durch einen Meß-
kelch zum Guten.

rich II. seinem Bistum Merseburg geschenkt hatte.

Die Schmalseite zur Krypta wurde mit der Sterbeszene des Kaisers in der Pfalz Grone verziert. Umgeben von seinem Hofstaat und der trauernden Kunigunde soll er die Worte ge-

sprochen haben: »Diese habe ich von Gott als Jungfrau erhalten. Ich gebe sie euch zurück, wie ich sie erhalten habe.« Diese legendären Worte spielen auf die angeblich vom Kaiserpaar geführte Josephsehe an und sind ein Erklärungsversuch für die Kinderlosigkeit der Eheleute.

Kaiser Heinrich II. auf dem Sterbebett. Inmitten des trauernden Hofstaates steht die weinende Kunigunde.

An der unverzierten Schmalseite gegenüber befand sich ein Kunigundenaltar.

Diese Seitenreliefs entstanden aus »Juramarmor«, einem Kalkstein (Dolomit) aus der Fränkischen Schweiz. Für die Deckplatte wurde Solnhofener »Marmor« verwendet, ein gelblicher, hochpolierfähiger Kalkstein aus der

Eichstätter Gegend. Sie ist aus zwei Hälften zusammengesetzt. Diese Deckplatte gilt als eines der großen Meisterwerke Riemenschneiders und zeigt das Kaiserpaar im sogenannten »Liegestand«. Über den Häuptern sieht man fein ausgearbeitete Baldachine und zu Füßen des Paares halten zwei Löwen die Wappen.

Das Meisterwerk
Riemenschneiders
ist die Deckplatte
des Kaisergrabes
mit den glanzvol-
len Darstellungen
Heinrichs und
Kunigundes.

Kunigunde stammte aus dem Hause Luxemburg und Heinrich war Sachsenkaiser und Herzog von Bayern. Das erklärt die Bayerischen Rauten. Zu Zeiten Heinrichs im 11. Jahrhundert kannte man allerdings noch keine Wappen. Sie tauchen erst im 12. Jahrhundert auf, doch auch da gab es noch keine Rauten im Bayerischen Herzogswappen. Sie werden erst nach dem Aussterben der Grafen von Bogen 1247 aus derem Wappen in das offizielle Herzogswappen übernommen. Für Riemenschneider im frühen 16. Jahrhundert, ja sogar bis heute das aktuelle bayerische Regierungswappen.

Kunigunde wird – und das ist bemerkenswert – zur Rechten ihres Gemahls dargestellt. Normalerweise ist bei Doppelgrabplatten der rechte Ehrenplatz dem Mann vorbehalten. Ei-

nerseits ist dies mit der besonderen Beliebtheit der Kunigunde in Bamberg zu erklären. Sie erfuhr marienähnliche Verehrung. Andererseits aber hängt das mit ihrer ersten Grablege zusammen: 1024 wird als Erster im neuen Dom Heinrich II. beigesetzt. 1033 stirbt Kunigunde. Als zweite Bestattung findet sie ihren Platz rechts von Heinrich. Die dritte Bestattung, die im Dom stattfindet, betrifft den ersten Bamberger Bischof Eberhard. Er findet 1040 seine letzte Ruhe zur Linken des Kaisers.

Das Kaisergrab Riemenschneiders gehört zu den bedeutendsten Meisterwerken der deutschen Spätgotik. Der harte Stein wurde mit einer unglaublichen Präzision bearbeitet. Selbst kleinste Details sind erkennbar und mit Liebe und Sorgfalt ausgeführt. Zwei Gesellen gingen Riemenschneider zur Hand. Sie arbeiteten mit ihm an den Seitenreliefs. Die Deckplatte ist eigenhändig vom Meister erstellt. Es gab wenige Hilfsmittel, die die Arbeit erleichterten. Man verwendete »laufende Bohrer«. Ein Geselle drehte den Bohrer mit Hilfe einer Wickelschnur, der andere arbeitete damit. Zum Polieren der Platte wurde feinster Sand verwendet. Nicht selten sprangen beim Meißeln Teile ab oder eine Reliefplatte zersprang vollständig. Auch der Transport von Würzburg nach Bamberg stellte ein Risiko dar. Sicher waren Künstler und Auftraggeber sehr glücklich, als das Werk an seinem vorgesehenen Platz aufgerichtet war.

Bischofsgrabmale.
Eine Auswahl

Nahezu alle Bamberger Bischöfe haben das Recht wahrgenommen, sich in der Kathedrale beisetzen zu lassen. Zum Teil fanden sie ihre letzte Ruhe in zeitgemäß gestalteten Tumben. Andere – und das war die Mehrzahl – wurden in Einzelgräbern unter dem Fußboden des Domes bestattet. Zu ihrer Erinnerung ließ in der Regel der jeweilige Nachfolger ein Epitaph an der Wand anbringen.

Im 19. Jahrhundert wurde die Zahl dieser Bischofsgrabmale durch die Purifizierung der Kathedrale deutlich dezimiert und auf ausschließlich mittelalterliche Werke reduziert.

Eine der schillerndsten Persönlichkeiten der frühen Bamberger Bischofsgeschichte ist *Bischof Gunther*. Er starb im Jahr 1065. Neben seinen Aufgaben als Oberhirte des Bistums widmete er sich gerne den schöngeistigen Dingen. Gunther hinterließ das »Ezzolied«, ein auf seine Veranlassung vom Mönch Ezzo verfasster »Gesang von den Wundern Christi«. Doch diese Besinnung auf religiöse Inhalte blieb eher die Ausnahme. Nicht selten nämlich wurde er von seinem überaus gebildeten Domscholastiker Meinhard gescholten, dass er mehr altdeutschen Heldengestalten zugetan sei, als den Heiligen.

Gunther hielt sich bevorzugt auf den zum Hochstift Bamberg gehörenden Ländereien in Kärnten auf. Sein Kritiker Meinhard unkte, wenn er dort weiterhin soviel schlafe und esse, wie bisher, dann müsse man ihn irgendwann mit mechanischen Geräten nach Bamberg zurücktransportieren.

Das Grab Bischofs Gunther (†1065) in der Krypta. Er war eine der schillerndsten Persönlichkeiten unter den Bamberger Bischöfen.

89

Im Oktober 1064 zog er in Begleitung weiterer Bischöfe, hoher Geistlichkeit und etlicher tausend Pilger mit einem unbewaffneten Kreuzzug nach Jerusalem, um dort den im Folgejahr für den Ostersonntag, den 27. März 1065 vorhergesagten Weltuntergang zu erleben. Am byzantinischen Hof hielt man ihn aufgrund seiner stattlichen Erscheinung für den römischen Kaiser und schenkte ihm als Gastgeschenk ein überaus wertvolles Seidentuch, heute als »Gunthertuch« im Diözesanmuseum verwahrt. Der Zug wurde mehrfach überfallen, was die Reisedauer unvorhergesehen verlängerte und die Teilnehmerzahl erheblich reduzierte. Man erreichte Jerusalem erst am 12.April, zu spät für den Weltuntergang. So hielten sich die Kreuzfahrer nur 13 Tage in Jerusalem auf, um dann in die Heimat zurückzukehren. Bischof Gunther war den Strapazen nicht mehr gewachsen und verstarb am 23. Juli 1065 im ungarischen Oedenburg. Man wickelte ihn in das teure Seidentuch und brachte ihn nach Bamberg, wo er in der Gertrud (Antonius)kapelle beigesetzt wurde. Später versetzte man das Grab auf den Georgenchor, bis es schließlich an den heutigen Platz in die Ostkrypta verbracht wurde.

Die Wandung der Tumba, die direkt nach dem Eintreffen des toten Bischofs gestaltet wurde, zeigt sogenanntes Negativrelief. Man sieht eingetiefte Vogel- und Pflanzendarstellungen, die ursprünglich mit Farbpaste ausgefüllt waren. Als Vorbild dienten dem Bildhauer vermutlich Muster auf sarazenischen Vorhängen und Decken, die im Domschatz nachweislich vorhanden waren. Die Deckplatte mit der Darstellung Bischof Gunthers in Flachrelief entstand erst im 13. Jahrhundert

Bischof Gunther gegenüber steht heute die Tumba von Bischof *Otto II. von Andechs* (1177–1196). Er war der erste von drei Bischöfen aus dem mächtigen Hause Andechs-Meranien auf der Bamberger Kathedra. Er war hochgebildet und seine Karriere verlief steil. Seine Nähe zu Kaiser Friedrich Barbarossa verschaffte ihm manchen Vorteil. 1174 wird Otto Dompropst in Bamberg unter Bischof Hermann II. und muß dessen Tod in Venedig miterleben. Gemeinsam war man in die Lagunenstadt gereist, um der Aussöhnung von Papst Alexander mit dem Kaiser beizuwohnen. Noch in Venedig entschlossen sich die mitgereisten Bamberger Domherren, Otto zum Nachfolger Hermanns zu wählen.

In seine Regierungszeit fällt eines der schwersten Unglücke der Domgeschichte: 1185 brennt die Kathedrale und die gesamte Domburg. Es bleiben Ruinen. Otto II. war ein tatkräftiger Bischof und kein Mensch, der sich mit Unzulänglichkeiten zufriedengab. Er war Bauherr und Kunstmäzen und man kann erwarten, dass er – nachdem die Brandruine des Domes nicht instand zu setzen war – nach einer gewissen notwendigen Vorlaufzeit mit dem Neubau

der jetzigen Kathedrale im Osten begann. Jahrelang betrieb Bischof Otto II. in Bamberg die Heiligsprechung seines Vorgängers und Namensvetters Otto I. Am 30. September 1189 wurden diese Bestrebungen von Erfolg gekrönt. Wenig später beginnt in Bamberg erneut das Betreiben einer Heiligsprechung, diesmal ging es um Kaiserin Kunigunde. Vielleicht entwickelte Otto II. nach dem Baubeginn der Kathedrale den Gedanken der Heiligsprechung. Der zuerst begonnene Ostchor sollte nach seinen Vorstellungen die Stätte ihrer Verehrung werden und so nannte man diesen Bauteil auch »Kunigundenwerk«. Die Verwirklichung seines Plans konnte Otto II. nicht mehr erleben. Er starb 1196. Die Heiligsprechung Kunigundes erfolgte 1200.

Seiner Bauleidenschaft trägt man in der Gestaltung seiner Tumba Rechnung. Die Langseiten sind außergewöhnlich mit gotischen Bögen und Maßwerk rein architektonisch geschmückt. In dieser fortentwickelten Form entstanden sie nicht vor 1230. Die Platte zeigt das Bild des Verstorbenen als Ritzfigur.

Ab dem 14. Jahrhundert wurde es üblich, der verstorbenen Bischöfe in Form von Epitaphien zu gedenken.

Das älteste und zugleich beeindruckendste Wandgrabmal wurde für Bischof *Friedrich von Hohenlohe* (1344–1352) geschaffen. Wie auch bei den zuvor vorgestellten Tumben ist der Künstler des Werkes unbekannt. Er war hochbegabt und arbeitete für die fränkische Oberschicht bis Sonnefeld und Himmelkron. Für den 1345 gestorbenen Würzburger Bischof Otto von Wolfskeel entstand im dortigen Dom ein Epitaph, das dem Bamberger Werk sehr nahe steht. Der Bildhauer des Bamberger Grabmals nimmt sich den sogenannten »Wolfskeelmeister« zum Vorbild. Es liegt nahe, dass beide Künstler identisch sind, da das Würzburger Epitaph von Bischof Albert von Hohenlohe, dem Bruder Friedrichs, in Auftrag gegeben wurde.

Wandgrabmal für Bischof Friedrich von Hohenlohe (†1352). Eines der ergreifendsten Bildwerke der Kathedrale.

Das Bildwerk zeigt einen ausgemergelten, alten Mann, der schwer an der Bürde seines Amtes getragen hat. Er mußte die schweren Zeiten der Pest von 1348/49 und ihre Folgen miterleben, Geschehnisse, die ihre Spuren hinterlassen haben. Die Gestalt ist körperlos, lediglich ein knochiges Knie zeichnet sich unter dem Gewand ab, das wie eine leere Hülle wirkt. Der Bischofsstab ist mehr Stütze, denn Zeichen der Würde und die Bibel wiegt schwer wie Stein. Die unmittelbare Ausstrahlung der Figur, ihr gelebtes Leiden, ergreift jeden Betrachter.

In direkter künstlerischer Nachfolge und aus gleichem Werkstattverband stammt das Epitaph für Bischof *Friedrich II. von Truhendingen* (1363–1366). Die Figur ist stärker gelängt, zeigt aber wieder mehr Körperlichkeit als Bischof Hohenlohe.

Ein weiteres Meisterwerk der Bildhauerkunst führt uns das Epitaph für Fürstbischof *Albert von Wertheim* (1398–1421) vor. Es ist eines der Hauptwerke des sogenannten »Weichen oder Schönen Stils«, der seine Hochblüte in Prag erlebte. Die Grabplatte gab der Bischof noch zu seinen Lebzeiten selbst in Auftrag. In Bamberg fehlen Vorbilder, so dass man von einem Wanderkünstler ausgehen muß. Vielleicht stammte er aus der Pfalz, zu der Bischof Wertheim als Gefolgsmann Kaiser Ruprechts von der Pfalz Verbindung hatte. Das Gewand ist dem Kunstgeschmack des »Schönen Stils« entsprechend in wahren Faltenkaskaden drapiert

Das Epitaph für Bischof Friedrich von Truhendingen (†1366) entstand in direkter künstlerischer Nachfolge des Wandgrabes für Bischof Hohenlohe.

und in der vorgetragenen Form völlig unnatürlich. Anders ist das bei Körper und Gesicht des Dargestellten. Die Züge des Bischofs zeigen das gut beobachtete Porträt eines korpulenten Prälaten. Hervorragend dargestellt sind auch Details, wie die Bischofskrümme. Diese Naturnähe wurde früher durch farbige Glaseinlagen und die Polychromie der Gesamtfigur noch unterstrichen.

Das Wandgrab des Bischofs Albert von Wertheim (†1421) ist ein Paradebeispiel des sogenannten »Schönen oder Weichen Stils«.

Die Geschichte ist nicht zu Ende

Der Dom in der Moderne

Der Glaube an Gott und der tiefe Wunsch seiner angemessenen Verehrung haben den Dom im 13. Jahrhundert entstehen lassen. Über Jahrhunderte hinweg paßte er sich den christlichen Traditionen und sich verändernden liturgischen Erfordernissen an. Diese Entwicklung war zu keinem Zeitpunkt abgeschlossen.

Gerade die letzten Jahre zeigen, dass der Bamberger Dom weiterhin erforderliche Veränderungen erfährt. So wurde unter dem Westchor eine neue Bischofgrablege angelegt. Der Mühlhausener und der Kirchgattendorfer Altar wurden an neue Standorte versetzt, weil ihre alten Plätze nahe der Haupteingangstür aus konservatorischen Gründen ungeeignet waren.

Die provisorischen Altäre für Heinrich und Kunigunde mit den wichtigen Häupterreliquien, lange Jahre im Nordseitenschiff, wurden aufgegeben. Dafür wurde die sogenannte »Häupterkapelle«, ein bisher verschlossener Raum im Nordquerhaus, eingerichtet. Eine neue, würdige Verehrungsstätte des heiligen Kaiserpaares.

Anfang des 20. Jahrhunderts entfernte Figuren kehrten kürzlich als Kopien an ihre Stammplätze zurück: Ecclesia, Synagoge und ein Posauenengel an das Fürstenportal, Heinrich und Kunigunde an die Adamspforte. Die noch fehlenden Bildwerke werden folgen.

Neueste Überlegungen gehen dahin, den Westchor der Kathedrale wieder mit Buntglasscheiben auszustatten. Die Entfernung der Buntfenster in der Barockzeit brachte gerade dem Westchor eine ungünstige Lichtsituation. Durch die sinkende Abendsonne wird der Besucher des Gotteshauses stark geblendet und die Kreuzigungsgruppe im Hochchor versinkt in gleißendem Gegenlicht. Durch eine zurückhaltende Buntverglasung will man diesen Effekten entgegenwirken.

Christlicher Glaube ist nicht starr und statisch, sondern lebendig und damit ständigen Veränderungen und Anpassungen unterworfen. Diesen Weg der Veränderung muß das Gotteshaus, als äußeres Zeichen des gläubigen Christentums, mitgehen, um im Sinne des Wortes »glaubwürdig« zu bleiben. Der Bamberger Dom ist Beispiel eines manchmal auch steinigen Weges gelebter Gottesverehrung durch die Jahrhunderte, ein Weg der weiterführt!

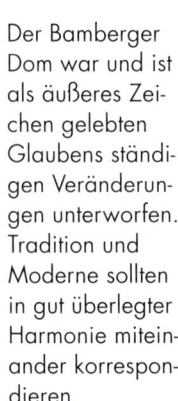

Der Bamberger Dom war und ist als äußeres Zeichen gelebten Glaubens ständigen Veränderungen unterworfen. Tradition und Moderne sollten in gut überlegter Harmonie miteinander korrespondieren.